DOZE
E MEIO

TAMBÉM POR GARY VAYNERCHUK

Detonando!: Atraia Dinheiro e Influência Fortalecendo sua Marca nas Redes Sociais

Nocaute: Como contar sua história no disputado ringue das redes sociais

#AskGaryVee: One Entrepreneur's Take on Leadership, Social Media, and Self-Awareness

Gratidão: Como gerar um sentimento de satisfação incrível em todos os seus clientes

Vai Fundo!

GARY VAYNERCHUK

DOZE
E MEIO

POTENCIALIZANDO OS INGREDIENTES EMOCIONAIS NECESSÁRIOS PARA O SUCESSO NOS NEGÓCIOS

ALTA BOOKS
E D I T O R A
Rio de Janeiro, 2022

Doze e Meio

Copyright © 2022 da Starlin Alta Editora e Consultoria Eireli.
ISBN: 978-65-5520-958-7

Translated from original Twelve and a Half. Copyright © 2021 by Gary Vaynerchuk. ISBN 978-0-0631-4379-1. This translation is published and sold by permission of Harper Business an imprint of HarperCollinsPublishers, the owner of all rights to publish and sell the same. PORTUGUESE language edition published by Starlin Alta Editora e Consultoria Eireli, Copyright © 2022 by Starlin Alta Editora e Consultoria Eireli.

Impresso no Brasil – 1ª Edição, 2022 – Edição revisada conforme o Acordo Ortográfico da Língua Portuguesa de 2009.

Dados Internacionais de Catalogação na Publicação (CIP) de acordo com ISBD

V392d   Vaynerchuk, Gary
          Doze e meio: potencializando os ingredientes emocionais necessários para o sucesso nos negócios / Gary Vaynerchuk ; traduzido por Tiago Dias Valentim. – Rio de Janeiro : Alta Books, 2022.
          224 p. ; 16cm x 23cm.

          Tradução de: Twelve and a Half
          ISBN: 978-65-5520-958-7

          1. Negócios. 2. Liderança. 3. Empresários. I. Valentim, Tiago Dias. II. Título.

2022-1035   CDD 658.1
                                                            CDU 658.011.4

Elaborado por Odílio Hilario Moreira Junior - CRB-8/9949

Índice para catálogo sistemático:
1. Administração : Sucesso pessoal nos negócios 658.1
2. Administração : Sucesso pessoal nos negócios 658.011.4

Todos os direitos estão reservados e protegidos por Lei. Nenhuma parte deste livro, sem autorização prévia por escrito da editora, poderá ser reproduzida ou transmitida. A violação dos Direitos Autorais é crime estabelecido na Lei nº 9.610/98 e com punição de acordo com o artigo 184 do Código Penal.

A editora não se responsabiliza pelo conteúdo da obra, formulada exclusivamente pelo(s) autor(es).

Marcas Registradas: Todos os termos mencionados e reconhecidos como Marca Registrada e/ou Comercial são de responsabilidade de seus proprietários. A editora informa não estar associada a nenhum produto e/ou fornecedor apresentado no livro.

Erratas e arquivos de apoio: No site da editora relatamos, com a devida correção, qualquer erro encontrado em nossos livros, bem como disponibilizamos arquivos de apoio se aplicáveis à obra em questão.

Acesse o site www.altabooks.com.br e procure pelo título do livro desejado para ter acesso às erratas, aos arquivos de apoio e/ou a outros conteúdos aplicáveis à obra.

Suporte Técnico: A obra é comercializada na forma em que está, sem direito a suporte técnico ou orientação pessoal/exclusiva ao leitor.

A editora não se responsabiliza pela manutenção, atualização e idioma dos sites referidos pelos autores nesta obra.

Produção Editorial
Editora Alta Books

Diretor Editorial
Anderson Vieira
anderson.vieira@altabooks.com.br

Editor
José Ruggeri
j.ruggeri@altabooks.com.br

Gerência Comercial
Claudio Lima
claudio@altabooks.com.br

Gerência Marketing
Andrea Guatiello
andrea@altabooks.com.br

Coordenação Comercial
Thiago Biaggi

Coordenação de Eventos
Viviane Paiva
comercial@altabooks.com.br

Coordenação ADM/Finc.
Solange Souza

Direitos Autorais
Raquel Porto
rights@altabooks.com.br

Produtor da Obra
Paulo Gomes

Produtores Editoriais
Illysabelle Trajano
Maria de Lourdes Borges
Thales Silva
Thiê Alves

Equipe Comercial
Adriana Baricelli
Daiana Costa
Fillipe Amorim
Heber Garcia
Kaique Luiz
Maira Conceição

Equipe Editorial
Beatriz de Assis
Betânia Santos
Brenda Rodrigues
Caroline David
Gabriela Paiva
Henrique Waldez
Kelry Oliveira
Marcelli Ferreira
Mariana Portugal
Matheus Mello

Marketing Editorial
Jessica Nogueira
Livia Carvalho
Marcelo Santos
Pedro Guimarães
Thiago Brito

Atuaram na edição desta obra:

Tradução
Tiago Dias Valentim

Copidesque
Carlos Bacci

Revisão Gramatical
Maria Carolina Rodrigues
Fernanda Lutfi

Diagramação
Heric Dehon

Editora afiliada à:

Rua Viúva Cláudio, 291 – Bairro Industrial do Jacaré
CEP: 20.970-031 – Rio de Janeiro (RJ)
Tels.: (21) 3278-8069 / 3278-8419
www.altabooks.com.br – altabooks@altabooks.com.br
Ouvidoria: ouvidoria@altabooks.com.br

Dedicado a todo empreendedor, fundador, executivo, gerente, empregado, mãe, pai e filho mais velho corajosos o suficiente para se tornarem líderes melhores para aqueles que os admiram.

AGRADECIMENTOS

Em primeiro lugar, quero agradecer à minha família, a quem amo mais do que respirar. Em segundo, quero agradecer a Raghav Haran, meu escritor deste livro, meu colaborador e meu braço direito em todo o processo de produção. Este livro nunca seria o que é sem ele.

Também quero agradecer a Mikey Ahdoot, Habit Nest e a todos da Equipe GaryVee por sua contribuição.

Finalmente, obrigado a Hollis Heimbouch e a todos os componentes da equipe HarperCollins, que foram, mais uma vez, verdadeiros parceiros no lançamento deste livro.

SUMÁRIO

Introdução..xi
   Minha Metade: Gentileza Sincera..........................*xviii*

Parte I: Os Ingredientes Emocionais 1

- ▶ GRATIDÃO 3
- ▶ AUTOCONSCIÊNCIA 11
- ▶ RESPONSABILIZAÇÃO................17
- ▶ OTIMISMO.......................23
- ▶ EMPATIA........................27
- ▶ BONDADE 31
- ▶ PERSEVERANÇA...................37
- ▶ CURIOSIDADE 43
- ▶ PACIÊNCIA......................49
- ▶ CONVICÇÃO.....................53
- ▶ HUMILDADE.....................57
- ▶ AMBIÇÃO.......................63

Sumário

Parte II: A Vida Real: Cenários 67

Parte III: Exercícios.................................. 173

Conclusão 189

A Inspiração Por Trás Deste Livro 193

Notas 195

Sobre o Autor 199

INTRODUÇÃO

Anos atrás, tive com uma cliente a conversa mais difícil de toda a minha carreira.

Foi com uma grande executiva de uma das maiores marcas que estávamos trabalhando em parceria na VaynerMedia, uma agência de mídia e criação contemporânea da qual sou o CEO. A executiva me ligou e perguntou se poderíamos nos encontrar no Centro de Manhattan. Ela queria conversar cara a cara.

Naquele dia, uma funcionária novata da minha empresa tinha acidentalmente postado uma "opinião" no Twitter do cliente, achando que estava logada em sua conta pessoal. Foi um tuíte bem negativo sobre essa outra agência que a VaynerMedia estava trabalhando em parceria. Para o mundo, parecia que a marca tinha feito comentários depreciativos sobre a outra agência.

Foi um encontro bem rápido. A executiva me disse que esperava que aquilo não acontecesse novamente e me pediu para colocar os protocolos adequados e os sistemas em vigor para garantir isso.

Então, me disse: "A única forma que nossa empresa nos vê seguindo em frente e trabalhando juntos é se você demitir o indivíduo que postou aquele tuíte."

Levei cerca de um centésimo de segundo para pensar a respeito.

E lhe disse: "Não posso fazer isso."

Eu tinha que ser capaz de administrar meu próprio negócio e tomar minhas próprias decisões a respeito dos meus funcionários. A executiva tinha todo o direito de nos demitir se fosse o que ela sentisse ser necessário. Mas tinha que ser minha a decisão de quais seriam as consequências daquele tuíte.

Ela ficou surpresa. Aquela marca representava cerca de 30% de nossa receita total na época.

Eu estava mentalmente preparado para que eles nos demitissem, mas naquela ocasião eu sabia que tínhamos muitos negócios novos chegando, então podíamos nos dar ao luxo de ficar um ano sem lucro. Eu também tinha economizado o suficiente a ponto de, se perdêssemos dinheiro naquele ano, estar disposto a ajudar a preencher a lacuna se preciso fosse. Se pudéssemos resistir àquela tempestade, seria um indicador claro para nossos funcionários sobre o que de fato valorizamos.

Essa conversa foi um daqueles momentos interessantes quando você tem que decidir o que irá permitir. Nós agendamos uma ligação no dia seguinte e eu me mantive firme. Felizmente, o cliente não nos demitiu.

Conto essa história porque a definição da sociedade moderna de "decisão inteligente de negócios" é desproporcionalmente baseada em análises. Líderes de negócios em geral encontram segurança no que é claro e sem ambiguidade. Eles encontram seguridade no acadêmico, na matemática, nos dados concretos e no que parece bom nas planilhas.

É mais difícil medir a eficácia da empatia, da gentileza e da autoconsciência em uma organização em 30, 60, 90, 365 ou até mesmo 730 dias, mas seus resultados serão por fim palpáveis. Quando você pode eliminar o medo em sua organização, muitas coisas boas acontecem. Se os funcionários não têm que perder tempo tentando puxar o tapete uns dos outros, tentando "matar" uns aos outros, politicamente, eles podem realmente efetuar a tarefa que lhes foi dada. Não sei se, tal como ocorreu com a garotinha de 6 anos no Tennessee, encontrada por um cão farejador após ficar desaparecida quase um mês, será inventado um sistema próprio, mas, em algum momento, isso será mapeável. Esses níveis de senso comum e de verdade humana irão se desenvolver.

Em grandes empresas especialmente, muitas decisões são baseadas em intervalos de noventa dias. Essa prática vem de Wall Street e das escolas de negócio, cuja performance é avaliada trimestralmente. Tal prática pode levar a um comportamento de curto prazo, mesmo que muitos de nós ainda planejemos empreender pelos próximos cinco, dez, vinte, ou mesmo cinquenta anos ou mais.

Infelizmente, o viés ligado às métricas de curto prazo também pode fazer com que a inteligência emocional restrinja-se ao desejável em vez de ser um requisito. Cria-se um cenário em que um líder finge não ver quando algum funcionário deixa os demais no escritório extremamente descontentes, só porque aquele funcionário está gerando mais receita. Isso faz com que as pessoas pensem que o comportamento negativo e um baixo QE (quociente emocional) são somente efeitos colaterais de quem é "bom nos negócios".

O mundo dos negócios, no momento em que entrei no fim dos anos 1990, colocava o claro e não ambíguo num pedestal. Naquela época, não era reconhecido que habilidades interpessoais podiam ser a chave para construir uma empresa de sucesso. Não me recordo de ouvir essas características sendo enfatizadas na comunidade de negócios dominante. Negócios eram ferozmente competitivos, um empreendimento no qual "só os fortes sobrevivem".

Ironicamente, eu *também* acredito que só os fortes sobrevivem. Só que acredito que entregar-se à sua humanidade é a verdadeira força que o ajudará a sobreviver e prosperar, e *não* gritando com alguém numa sala de reunião *nem* sendo um negociador durão com palavras agressivas. Até hoje, creio que a pessoa mais forte é aquela capaz de

DOZE E MEIO

demonstrar gentileza no trato com quem lhe seja o oposto. Os doze ingredientes que descrevo neste livro (veremos depois o que o "meio" quer dizer) são algumas das características que me levaram ao sucesso e à felicidade ao longo dos anos, além de outras que observei e admirava: gratidão, autoconsciência, responsabilização, otimismo, empatia, bondade, perseverança, curiosidade, paciência, convicção, humildade e ambição. O "claro e não ambíguo" ainda é extremamente importante, mas, na minha opinião, é um segundo colocado distante quando se trata de dominar habilidades interpessoais.

Eu não poderia estar mais ciente de que existem entre 15 e 50 outros ingredientes que poderiam estar neste livro, porém esses 12 se sobressaíram para mim depois de ver outros líderes falharem em implementá-los e como essa lacuna fez as pessoas ao redor deles se sentirem. Muitas pessoas em salas de reunião, jantares, almoços, ônibus e voos me contaram histórias desses doze ingredientes sendo negligenciados. Uma das coisas ruins da natureza humana é que a negatividade fala mais alto do que a positividade. Fazer a positividade se sobressair tem sido uma das forças motrizes da minha vida. Um dos motivos para escrever este livro foi reverenciar essas características e colocar um holofote sobre elas nos negócios.

Meu maior desafio tem sido extrair esses ingredientes e articulá-los. Eles não são tangíveis. Não podem ser rastreados ou mensurados em uma planilha. Na verdade, em maio de 1998, enquanto eu andava pela loja de bebidas do meu pai, não entendia a relevância deles.

Meu pai não é de falar muito, mas no fim de semana de Ação de Graças em 2020, quando eu tinha começado a escrever este livro, ele me disse que não acreditava em "cultura empresarial" na ocasião em que comecei a trabalhar com ele. Por ter vindo da União Soviética, ele acreditava que medo e dinheiro eram os motivadores mais eficazes. Foi assim que ele conduziu sua carreira. Mas e hoje? Agora ele acredita na cultura empresarial positiva acima de tudo. Mesmo que não lhe seja algo natural e que ele lute para explicar a seus amigos, ele me disse que sabe que é crucial. Eu acho poético, especialmente se você perceber que meu pai raramente me diz coisas do tipo.

Este livro é libertador para mim porque permite que eu faça o que não posso fazer nas redes sociais, dada a fragmentação do meu estilo de comunicação. Acredito que a humildade é um dos maiores motivos do meu sucesso, mas, se assistir a um vídeo meu de um minuto falando enfaticamente, com uma estranha convicção, sobre uma oportunidade dentro do ambiente do TikTok, você pode dizer: "Esse sabe-tudo que se dane." Como você descobrirá, é possível ser humilde e curioso, mas também ter convicção em suas crenças. Não é um ou outro.

Na Parte II, você me verá transformar esses doze ingredientes em "refeições" completas e mostrar como eles podem ser utilizados em conjunto ao lidar com desafios diferentes nos negócios. Por exemplo, responsabilização e convicção são frequentemente vistas como opostas à empatia e bondade; são características que têm mais "força". Características como humildade e convicção, ambição e paciência, e gratidão e responsabilização também podem ser interpretadas como antagônicas. Este livro vai ajudá-lo a entender como muitos ingredientes que podem *parecer* opostos uns aos outros na verdade funcionam juntos.

Desenvolver esses doze ingredientes individualmente é o ponto de partida, mas saber como cozinhar a refeição é o que mais importa. Mesmo que você tenha todos eles em um local naturalmente consistente, ou se tiver sido sortudo o bastante para ter aprendido alguns deles por experiência, ainda deve saber como usá-los em conjunto. Você ainda precisa ser o "chef" que os "cozinha".

Existe hora e lugar para comer um Big Mac, mas eu não serviria Big Macs se estivesse planejando uma refeição para 25 veganos convictos. Cada prato que você prepara precisa ser feito pensando no contexto da situação em que está sendo servido. Essas doze características têm que ser usadas em diferentes misturas em todos os cenários de negócios. Isso é tudo o que sempre faço.

Digamos que em um escritório de advocacia você seja o responsável pela contratação de um jovem que cresceu em uma comunidade menos favorecida. Ele ou ela não conhece os protocolos para um jantar elegante com um de seus clientes, e no fim das contas você acaba perdendo o contrato. É aí que você tem que pegar a gratidão e a responsabilização no "porta-condimentos". Você precisa ser grato por ao menos ter a oportunidade de comandar sua empresa e de conquistar esse novo cliente. Além de se mostrar responsabilizado ao perceber que foi você quem contratou, mas falhou em treinar aquela pessoa da forma adequada. De repente, todo o resto se torna secundário.

É impossível que qualquer um desses doze ingredientes funcione sem ter a paciência como fundamento. Se você está assando uma torta, paciência é a crosta. As pessoas podem pensar que ambição se opõe à paciência, mas eu acredito que a paciência é o caminho para suas ambições.

Frequentemente as pessoas não alcançam suas aspirações por causa de sua própria insegurança. Em seu desespero para colocar vitórias no tabuleiro de forma que a plateia os aplauda, elas acabam pegando atalhos. É difícil para tais indivíduos construir um negócio significativo porque eles estão muito focados em ganhar um milhão e comprar roupas, barcos e outras coisas chiques sem terem cultivado a paciência.

Seja o que for que você faça no âmbito profissional, normalmente será algo que ocupará a maior parte da sua vida, logo, paciência é um jeito prático de atingir sua ambição. Assim, a falta de paciência é uma enorme vulnerabilidade, que leva a mais decisões ruins do que qualquer outro fator.

Às vezes, percebo isso com meus compradores na Wine Library quando tomamos decisões e negociamos acordos. É indispensável perceber que os vendedores de quem compramos vinho serão nossos parceiros pelos próximos cinquenta anos. É por isso que eu abro mão de algum dinheiro quando negocio uma transação de vinhos. Se eu tivesse pechinchado irritantemente toda vez, eles não teriam o mesmo relacionamento comigo e existiriam menos oportunidades no futuro.

Isso foi algo que no início da minha carreira observei em um de nossos gerentes de compras, um negociador formidável. Enquanto eu acompanhava nossas relações com os fornecedores de vinho, percebi que (1) eles reagiam ao estilo de negociação do gerente de compras aumentando o preço inicial, e (2) começaram a levar seus vinhos para outras lojas. Ao abrir mão de algum dinheiro, consegui muitos dos melhores vinhos e tive um ponto de partida mais vantajoso em todas as negociações.

Como CEO ou gerente, você também precisa de paciência enquanto observa seus funcionários se desenvolverem. Muitos dos meus sócios e contratados não iniciaram de maneira excelente na função na qual se tornaram os melhores.

Mais importante, você precisa ser paciente consigo mesmo enquanto desenvolve esses ingredientes. Aqueles que pensam que estão ficando sem tempo acabam agitados e se tornam vulneráveis às más decisões. Quando eu estava assistindo *O Gambito da Rainha* na Netflix, notei que, quanto menor o tempo restante indicado pelo cronômetro, mais os jogadores ficavam frenéticos. Quando assisti aos vídeos dos melhores jogadores de xadrez, reparei a mesma coisa. A linguagem corporal deles e suas tomadas de decisão ficavam mais frenéticas quando o tempo se tornava parte da equação.

Acredito que a maioria das pessoas começando e construindo negócios não tem um bom relacionamento com o tempo. Elas não o entendem. Baseiam suas escolhas em eventos de baixa probabilidade, como ser atingido por um ônibus. Esquecem que elas podem viver até 90 ou 100 anos, conforme a expectativa de vida aumenta. A paciência me impediu de permanecer em acordos ruins que tinha feito e me permitiu trabalhar em um negócio de família quando eu não estava ganhando o salário que poderia estar ganhando em outro lugar. Foi o que me possibilitou dar passos para trás em termos micro e macro sem ser paralisado pelo desânimo.

Acho que tenho muito mais tempo para jogar. Quer isso realmente seja verdade, quer não, sinto todos os dias uma felicidade enorme como resultado dessa crença.

MINHA METADE: GENTILEZA SINCERA

Paciência e ambição, gratidão e responsabilização, empatia e convicção — eu balanceio muitas dessas características em misturas. Comecei a trabalhar para equilibrar minha gentileza com sinceridade. Percebi que gentileza *sem* sinceridade estava criando uma falsa legitimidade dentro da minha organização, pois, ao dar reforço positivo repetidamente sem feedback crítico, criei uma ilusão, o que levou a isso.

Tenho uma reação visceral ao confronto, então eu fui péssimo em dar feedback crítico na maior parte da minha carreira. Depois de 24 anos trabalhando como operador de negócios, magoa saber que existem pessoas que não se sentem bem comigo porque eu não fui capaz de ser sincero com elas. Eu as demitiria sem feedback o suficiente, ou criaria situações que as forçavam a pedir demissão.

Eu não vi a beleza da sinceridade, a humanidade nela. Não percebi que sinceridade na verdade é gentileza. Eu posso pensar em várias ocasiões nas quais alguma sinceridade gentil teria levado meu sucesso a patamares mais altos. Toda minha infelicidade na vida e nos negócios resultou da minha inabilidade em implementar a sinceridade gentil quando necessária. É por isso que a estou chamando de minha metade, e digo "metade" porque ninguém é um zero em nada. Não importa o quão ruim você pensa ser, o fato de estar ciente de que há uma fraqueza ou uma lacuna indica que já iniciou seu processo para se tornar melhor na habilidade subdesenvolvida.

Minha metade me convence da importância dos outros doze ingredientes. Saber que eu ainda não sou bom em sinceridade gentil, não a ponto de ser capaz de cozinhar toda a refeição, me faz perceber que a falta de qualquer um dos doze magoará alguém, limitará. Esse é o indicador de suas vulnerabilidades.

Ao avançar na leitura deste livro, não quero que você fique depressivo quando descobrir quais são suas metades. Quero que você fique entusiasmado porque, à medida que for se aperfeiçoando nessas metades, mais coisas boas lhe acontecerão. Você pode chegar à conclusão que está infeliz por não ter gentileza a oferecer. Pode começar a compreender porque grita com seus estagiários. Pode começar a descobrir as razões pelas quais está sendo egoísta no trabalho. Pode aprender que você não é "completo". Pessoalmente, me sinto grato por estar trabalhando em sinceridade gentil, uma tremenda adição aos outros doze ingredientes.

O crescimento potencial da maioria dos negócios é limitado pela inteligência emocional de seus líderes. O mesmo vale para equipes esportivas, famílias e nações soberanas. Toda pessoa que tem um filho é um líder. Qualquer um que tenha um irmão mais novo é um líder. Qualquer um que tenha um animal de estimação é um líder. Qualquer um que tenha pelo menos uma pessoa para tomar conta é um líder.

Este livro irá ajudá-lo a refinar seus ingredientes e aperfeiçoar suas capacidades de liderança. A qualidade do seu prato depende da qualidade dos seus ingredientes e da forma como você os combina.

Todos os doze são importantes. O que é mais importante, o peixe ou o sal? O que é mais importante para fazer um bolo, a farinha ou os ovos? A resposta é, sempre, ambos. Eles são igualmente valiosos, mas devem ser implementados em diferentes quantidades e em diferentes situações. Ao passo que você navega em cada segundo de sua vida, precisa adicionar diferentes ingredientes em diferentes ocasiões.

Tantas coisas funcionaram para mim em se tratando de criar um sucesso imenso, porque absorvi os doze ingredientes. A razão pela qual nem todos os meus pratos tiveram um gosto perfeito foi porque estava faltando a sinceridade gentil.

COMO ESTE LIVRO ESTÁ ESTRUTURADO

Ao iniciar a Parte I, você notará que eu defino cada ingrediente e explico como ele pode afetar sua carreira e sua vida por completo. Estou enfatizando um conceito-chave, que pode ser a frase mais importante neste livro: *quando você realmente entende o quão sem importância um negócio é no grande esquema de sua vida, isso permite que você se divirta e potencialmente se torne melhor no seu negócio.* As pessoas me veem como um empreendedor e um homem de negócios, mas, se eu fosse derretido e lido em forma de livro, acho que a maioria ficaria chocada em ver o quão pouco eu me importo com os negócios.

Antes de você ler as páginas seguintes, precisa saber que, quando se valoriza a vida como um todo acima do sucesso nos negócios, o jogo fica dramaticamente mais fácil e extremamente mais agradável. Quando você coloca a felicidade acima do dinheiro, das ações de empresas e da admiração pública, seu trabalho cotidiano se torna sustentável a longo prazo. Eu acredito que alguns empreendedores, gerentes e fundadores de negócios de sucesso vez ou outra passam por desgastes e colapsos porque não aplicaram esses ingredientes.

Na Parte II, eu o levarei a uma variedade de cenários da vida real para lhe mostrar como esses ingredientes podem ser usados em conjunto em misturas diversas. Você também terá a chance de refletir sobre suas reações em situações desafiadoras na sua carreira e no que faria diferente hoje com o que aprendeu neste livro.

Na Parte III, lhe darei exercícios aplicáveis à vida real para ajudá-lo a desenvolver cada um dos ingredientes, incluindo a sinceridade gentil. Esses exercícios aumentarão sua convicção sobre seus pontos fortes e facilitarão identificar inseguranças, descobrir suas metades e evoluir a partir daí. Para acessar uma lista completa de recursos adicionais, visite garyvee.com/twelveandahalfbook [conteúdo em inglês].

É um ponto de vista incrivelmente simples. Penso nos negócios como uma arte. Acho que podem ser tão bonitos quanto uma sinfonia ou uma pintura quando executados corretamente.

Para que isso possa ter seu lugar na sociedade, precisamos compreender como os doze e meio ingredientes emocionais neste livro têm o potencial de ser os catalisadores do sucesso nos negócios.

PARTE I

Os Ingredientes Emocionais

GRATIDÃO

A qualidade de ser grato; prontidão para
demonstrar apreço e retribuir gentilezas.[1]

Se houvesse uma lista que classificasse todos na Terra em termos de
sucesso no geral e felicidade (da posição 1 à posição 7,7 bilhões),
qual seria sua colocação no ranking?

Escreva sua resposta aqui: _____ de 7,7 bilhões.

Escreveu? Ótimo.

De acordo com a Organização Mundial da Saúde, 785 milhões de
pessoas ao redor do globo carecem de serviços básicos de água potável.[2]
Isso é um pouco acima dos 10% da população, e até mesmo 2 milhões de
norte-americanos não têm acesso à água potável ou ao saneamento básico.[3]

3

DOZE E MEIO

Você tem comida o suficiente para se alimentar todos os dias?

Mais de 820 milhões de pessoas no mundo eram desnutridas em 2018.[4]

Não importa o quanto você odeie seu emprego, você tem pelo menos o mínimo de potencial ou habilidade para conseguir outro? De acordo com o Índice Global de Escravidão, 40,3 milhões de pessoas estavam em regime de escravidão moderna em 2016.[5] Elas *realmente* não têm a opção de se demitir.

Você possui um banheiro decente em casa? Cerca de 60% das pessoas no mundo (4,5 bilhões) não possuem instalações sanitárias que se encarreguem de dejetos humanos adequadamente.[6]

Você possui internet de alta velocidade em casa? Cerca de 3 bilhões de pessoas sequer *acessam* a internet.[7] Até mesmo 21 milhões de norte-americanos não têm acesso à banda larga.[8]

E nós nem começamos a falar ainda sobre renda. Segundo a Calculadora Global de Salários da CNN, referente à conferência de Davos de 2017, o salário médio anual ajustado globalmente é de US$20.328.[9] Na Rússia, é de cerca de US$5.457 por ano; no Brasil, US$4.659; na Índia, US$1.666; e no Malawi, US$1.149.

Obviamente, há diversas variáveis para identificar sua posição exata num ranking com 7,7 bilhões de pessoas. Entretanto, ao lhe confrontar com todos esses dados, espero que você entenda o que de fato está acontecendo no mundo, longe do seu "pedaço".

Eu sou totalmente movido pela perspectiva e pela gratidão. Nasci na antiga União Soviética, na Bielorrússia, então compreendo profundamente o quão pior a vida poderia ser. Na verdade, eu poderia nem sequer ter conseguido sair de lá, não fosse pelo seguinte evento:

Em 1970, dezesseis russos tramaram o sequestro de um pequeno avião. O grupo fingiria que estava indo para um casamento, mas o plano era voar em segredo para a Suécia a fim de fugir da União Soviética. O principal objetivo deles era chegar em Israel. Mas o plano não deu certo; os participantes foram detidos e trancafiados na cadeia por traição.

Porém, aquele evento chamou a atenção do mundo para os problemas em relação aos direitos humanos na União Soviética durante a Guerra Fria. A mídia nos Estados Unidos cobriu a trama do sequestro, mudando assim o panorama político. Devido à atenção crescente e à pressão exercida, a União Soviética afrouxou sua legislação e acabou deixando mais judeus partirem.

Acredito que essas dezesseis pessoas mudaram o rumo da minha vida.

Sorte é uma palavra interessante. Eu provavelmente atribuiria grande parte do meu sucesso à minha perseverança, à minha ambição e a outros ingredientes emocionais em vez da sorte, mas o fato de ter sido capaz de sair da União Soviética tão jovem certamente teve a ver com ela.

As pessoas não entendem a realidade do que acontece no mundo porque as comunidades onde vivem são muito isoladas. Vários indivíduos veem US$1 milhão como a *porta de entrada* para o sucesso. Muitos, em seus vinte e poucos anos, estão tentando "chegar lá" antes dos trinta. Quando você vive em um apartamento em Los Angeles ou uma casa em Greenwich, Connecticut, é difícil compreender o fato de que mulheres na África gastam, em conjunto, 200 milhões de horas por dia coletando água.[10] As pessoas olham para cima, para aqueles em posições mais altas, mas não olham para baixo, para os bilhões em posições inferiores às delas.

Qualquer pessoa que tenha uma empresa numa nação de Primeiro Mundo já está vivendo uma vida extraordinária. Acho que muitos empreendedores não percebem o quão afortunados eles são. Mesmo que seja trabalhoso. Mesmo que seja difícil. Mesmo que passem por dias ruins.

6   DOZE E MEIO

Não se esqueça — mais da metade do mundo nem sequer tem uma privada adequada.

Quando você desenvolve perspectiva, os prazos que você definiu para atingir seus objetivos mudam naturalmente. Enquanto escrevo isto, a expectativa de vida nos Estados Unidos é de cerca de 79 anos. Em 1930, era de 58. Em 1880, era de 39.[11]

Embora 1880 pareça ter sido há muito tempo, de fato não foi. Um avô que tem 91 anos em 2021 provavelmente conheceu membros de sua família que morreram por volta dos 39 anos de idade. Se você tivesse vivido naquela época, com certeza precisaria ter sua vida bem encaminhada aos 30 anos. Você morreria 9 anos depois!

Mesmo em 1930, as pessoas morriam aos 58 anos. Aos 30, já tinham vivido mais da metade de suas vidas.

À medida que nossa expectativa de vida aumenta, os prazos para atingirmos nossos objetivos não deveriam aumentar também? Você não deveria estar bem mesmo que não tenha toda a sua vida resolvida rapidamente?

Com os avanços da medicina moderna, acredito que muitos de vocês viverão até os 90 ou 100 anos. Se você tem 27 anos e odeia seu emprego depois de ter trabalhado duro por 5 anos sem ter sido reconhecido, não há nenhum problema em dar um passo para trás e procurar outro. Se você tem 33 anos de idade e decide começar seu próprio negócio do zero após conseguir um diploma em algo que você não gosta tanto, não é "tarde demais". Na verdade, você é o mais sortudo dos sortudos. Acontece de você estar vivo numa época na qual a matemática mostra que você provavelmente tem mais 60 anos de história. Independentemente do que tenha acontecido ontem ou em cada dia antes, você ainda tem uma quantidade generosa de anos pela frente.

Os Ingredientes Emocionais   **7**

Seja atencioso e honesto em relação aos seus erros, mas não pense demais neles. As pessoas se punem e ficam obcecadas com coisas que aconteceram há trinta anos — uma sociedade empresarial que não deu certo, uma startup que fracassou ou um chefe de quem não gostavam —, tornando-as a prisão onde vivem. Com todo o tempo que lhe resta, ficar atolado nela não tem nenhuma utilidade. Se eu entrar nessa lama algum dia, usarei minha mangueira de gratidão para lavá-la completamente.

Tive grandes decepções em minha carreira que prenderam minha atenção por talvez uma hora. Um dia, quem sabe, caso tenha sido um verdadeiro soco no estômago. Como posso ficar preocupado com algo tão pequeno por tanto tempo? Minha missão de vida está em jogo. Estou fazendo o que tenho que fazer. É óbvio que irei perder às vezes. É como perder uma série de playoffs no basquete. Vai acontecer. Diante de uma decepção, gratidão é a minha jogada de xadrez para não ficar remoendo o passado.

Aliás, já que estamos falando em remoer o passado, preciso de sua ajuda: envie um e-mail para gratitude@veefriends.com com o título "O valor de ficar remoendo o passado." Eu preciso saber qual é.

Não estou falando sobre o valor da lamentação. Não estou dizendo que você não deve ter tempo para se lamentar. Eu só acho que nós deveríamos reservar tal nível de tristeza para a morte de pessoas, não para más decisões de negócios. Qual é o valor de remoer nossos erros? O que pode ser produtivo em nos punir por semanas, meses ou anos a fio por causa de um resultado ruim?

Eu entendo. Susan partiu seu coração na faculdade, mas já passou. Ela tem 47 anos agora e 3 filhos.

Uma das maiores questões que estou tentando provar neste livro é que ingredientes emocionais positivos fornecem mais combustível sustentável do que os negativos. Se você extrair energia da gratidão, verá que dura muito mais do que a energia extraída da insegurança, da raiva ou da decepção.

Entendo por que as pessoas gostam de usar o lado negro como energia. Eu também adoro me sentir um azarão e me sentir injustiçado. Por que você acha que adoro ser fã do New York Knicks e do New York Jets? Eu amo perder. Sou motivado pela perda. Mas sou mais motivado pela luz do que pela escuridão. Esse equilíbrio importa.

A raiva pode lhe dar uma dose extra de energia a curto prazo, seja ela raiva de si mesmo ou dos outros, mas, uma vez que você conquista a recompensa pela qual almeja, frequentemente descobrirá que ela não é tão boa quanto você pensava que fosse. Muitas pessoas são motivadas a confrontarem seus pais por duvidarem deles, mas, quando o fazem, as coisas são diferentes. A situação mudou, os pais já se foram, ou talvez "amoleceram". A insegurança e a raiva podem ser propulsores formidáveis do sucesso — mas não acredito que tragam felicidade.

Raiva e ressentimento são ingredientes pesados demais para ficar levando para lá e para cá. Gratidão é leve.

É fascinante saber que as pessoas pensam que gratidão cria complacência. Há uma razão pela qual as palavras *complacente* e *grato* são diferentes. A definição de *complacência* é "um sentimento, pouco crítico, de satisfação consigo mesmo ou com suas conquistas".[12] Elas não significam a mesma coisa.

Por exemplo, posso separar minha gratidão das minhas exigências para a estruturação financeira de um acordo comercial. Se tais exigências não estiverem sendo cumpridas, sei que estou no controle para tomar a decisão de assinar ou não o contrato. O mesmo vale caso você trabalhe numa empresa: você pode ser grato por ter um emprego, mas, caso sinta que não está recebendo o suficiente depois de um bom desempenho após três anos, você pode aceitar outro emprego em vez de ficar remoendo isso.

Como verá na Parte II, você pode ser grato *e* ambicioso. Você pode ser grato *e* perseverante. Essas características podem coexistir perfeitamente.

Quer saber de onde vem minha energia e meus sorrisos quando você me vê nas redes sociais? Eles vêm da gratidão. Se eu acordar de manhã e ninguém que amo tiver morrido ou estiver com uma doença terminal, então meu dia começou muito bem. Se as pessoas próximas a mim estão bem, eu estou bem. Eu venci. Nada mais pode me incomodar além disso.

Se você é verdadeiramente grato pelo que tem em vez de sentir inveja pelo que não tem, você será uma força dominante nos negócios e, mais importante ainda, na vida.

AUTOCONSCIÊNCIA

Conhecimento consciente de seus desejos, seu
caráter, suas emoções e suas motivações.[1]

Se existe algo que eu poderia desejar para toda a sociedade além de
boa saúde, seria uma nova droga que ajudasse todos a desenvolver
esses ingredientes emocionais. Se eu comandasse a ANVISA, a primeira
delas que iria priorizar seria a autoconsciência.

O valor da autoconsciência inicialmente chamou minha atenção
entre 2011 e 2013 durante o crescente interesse por empreendedorismo
na cultura popular. Quando vi alguns estudantes e executivos se tornarem fundadores de startups, me bateu fortemente um pensamento:
como eles não se dão conta de que não têm nenhuma chance? Por que
estão tentando ser o número um (um CEO)? Como não percebem que
são mais adequados a ocupar a segunda posição, ou a terceira, ou a

vigésima sétima em uma organização? Eles não veem que estão dando esse salto porque pensam que é legal, e não por estarem atendendo a um chamado pessoal?

Há vários motivos pelos quais os seres humanos tentam se tornar algo que não são. Às vezes é por pura ilusão. (Não digo isso com raiva, digo com empatia.) Pessoas iludidas carecem de autoconsciência a respeito de suas forças e fraquezas.

Entretanto, o que me surpreendeu foi que muitas delas não estão iludidas — elas na verdade são bem autoconscientes. Sabem que não têm chance alguma, então compensam suas inseguranças encorajando-se com títulos como CEO. Elas preferem colocar "empreendedor" em seus perfis do Instagram para parecerem bem-sucedidas aos olhos do mundo do que focar suas forças e paixões e começar a construir uma felicidade sustentável e duradoura.

Muitos dos que sonham em ser empreendedores atualmente sonhariam em ser astronautas e pilotos em 1957 ou estrelas do rock em 1975.

A autoconsciência tem uma relação próxima com o amor próprio e a autoaceitação. Percebo agora que uma coisa é ser autoconsciente; outra, é se olhar no espelho e dizer: "Ei, você não é bom em X." Isso não é o mesmo que dizer a si mesmo que você é um merda. Só reflete o reconhecimento de uma fraqueza.

A insegurança constantemente leva à evasão. As pessoas costumam ser mais evasivas em relação aos seus próprios defeitos.

Se você disser a si mesmo "Você não é bom para comandar uma empresa", isso não quer dizer que nunca terá uma carreira bem-sucedida e satisfatória. Talvez você possa construir sua própria marca pessoal sendo um influenciador. Talvez possa causar impacto como um

Os Ingredientes Emocionais 13

executivo. Talvez o motivo pelo qual você não é bom para comandar uma empresa é que não gosta de gerir pessoas, e aí então pode encontrar um sócio com várias habilidades que complementem as suas.

Quando você se aceita totalmente, não sente mais medo dos demais. Nas redes sociais e na vida fora delas, nós humanos costumamos nos sentir desconfortáveis quando achamos que estamos deslocados. Sentimos que os outros são superiores ou que a insegurança que estamos tentando esconder será exposta. Para mim, a combinação de autoconsciência e humildade é o porquê de eu amar estar cercado por outras pessoas. Ninguém me assusta.

Portanto, não sinto necessidade de usar minha ambição como muleta para obter a aceitação dos demais. Autoaceitação ajuda a acolher a autoconsciência em vez de evitá-la.

Para muitos, um pouco mais de autoconsciência poderia auxiliá-los em suas posições profissionais. Além dos benefícios financeiros que advêm de cargos superiores, a busca por títulos está 100% ligada à importância que você dá ao que os outros na empresa pensam de você. Para mim, a função na carteira de trabalho é algo a ser pensado posteriormente em todas as empresas com as quais me envolvo. Eu me importo mais em trazer valor a todas as pessoas com quem interajo.

Eu lhe direi, para ser justo, que sua função na carteira pode ser um divisor de águas quando você planeja ir trabalhar em outra empresa. Quando as pessoas na minha empresa se encontram comigo e pedem por um título diferente dos que posso dar, muitas vezes lhes digo para me procurarem quando quiserem outro emprego, que eu lhes darei um título duas vezes melhor para usarem no LinkedIn.

Mas dentro da organização? Aqueles que ligam demais para títulos na carteira estão demasiadamente preocupados com a opinião dos outros.

Olhando em retrospectiva, vejo que sempre tive autoconsciência, mesmo em minha juventude. Eu sabia que era um empreendedor, um legítimo empreendedor. Quando ganhei US$1 mil vendendo coisas na sexta série, eu sabia que ficaria bem mesmo que tirasse nota D ou F na escola. Eu ser um empresário talentoso não era somente minha opinião — tive a confirmação do próprio mercado.

Eu era um empreendedor na época, e continuarei sendo um empreendedor se/quando não for mais "legal" daqui a uma década.

Confiança torna a autoconsciência mais fácil de lidar. Estou disposto a encarar o espelho minuciosamente e reconhecer todos os problemas que tenho em minha vida. Estou disposto a separar quem sou de quem desejo ser, um desafio para quem é inseguro.

A melhor parte em reconhecer suas fraquezas é que você pode finalmente fazer algo em relação a elas. Por exemplo, não consigo pintar um quadro para pendurar na parede porque não tenho a ética de trabalhar duro necessária para tanto. Então, procuro alguém que consiga.

Mas tenho capacidade de trabalhar duro o suficiente para passar quinze horas por dia trabalhando na minha empresa, porque amo o que faço.

Eu não posso ler textos ou e-mails extensos, então faço reuniões que duram entre cinco e quinze minutos com minha equipe em troca. Não digo a mim mesmo: "Ah não, preciso de um tutor." Em vez de elevar minhas habilidades de leitura de ruins para OK, prefiro usar esse tempo para elevar meus pontos fortes de ótimos para supernovas. Isso requer autoaceitação e amor próprio.

Dito isso, acho que você precisa aperfeiçoar seus pontos fracos. Até certo ponto.

Os Ingredientes Emocionais   15

Você precisa ser suficientemente capaz. Minha sinceridade gentil era tão fraca que acabou gerando problemas com funcionários novos e antigos, logo, tive que aperfeiçoá-la. Mas não devo enfatizar tanto essa ideia, porque a maioria das pessoas foca apenas seus pontos fracos, não seus superpoderes. Sim, quero reduzir meus pontos fracos, mas estou mais preocupado em ampliar meus pontos fortes.

Você pode não ser capaz de superar seus pontos fracos como eu superei na escola. É preciso trazê-los a um patamar aceitável, mas muitas vezes é muito trabalhoso ir do aceitável ao bom. Eu quero que você triplique as habilidades que já domina. Com muita frequência, o suco a mais não vale a pena ser espremido. Ironicamente, você descobrirá que tal esforço no fim das contas compensa suas fraquezas de forma mais eficaz do que tentar transformar um ponto fraco num ponto forte. Em outras palavras, o resultado líquido de um negócio é melhor quando você triplica seus pontos fortes por causa da arbitragem do impacto do tempo.

Eu precisava que minha sinceridade gentil estivesse num patamar aceitável, mas sei que nunca serei bom nisso, não tanto quanto sou num ingrediente como a empatia. Jamais.

Se neste exato momento você parar de ler e começar a aprender mais sobre autodescoberta por meio de outros professores e outros meios, então este livro é o melhor que já escrevi. Isso é o tanto que eu acredito em autoconsciência.

RESPONSABILIZAÇÃO

Fato ou condição de ser responsável.
Responsabilidade.[1]

As pessoas adoram culpar os outros por seus próprios erros. O maior equívoco é o de que evitar a responsabilização por seus atos trará felicidade, quando na verdade o inverso é verdadeiro.

"A culpa por eu não estar ganhando o suficiente é do meu chefe."

"Sally atrapalhou meu projeto."

"A culpa é do Rick por não se comunicar."

"O mercado colapsou um dia antes do nosso lançamento."

"Bem, se o cliente não tivesse exigido essas coisas…"

Quando você culpa os outros, está dizendo a si mesmo que não está mais no controle. Você dá à pessoa para a qual aponta o dedo uma vantagem e se torna vítima da situação em que se encontra.

Em vez de apontar o dedo para alguém, considere fazê-lo para si mesmo.

> *"Preciso pedir um aumento ao meu chefe ou conseguir um novo emprego."*

> *"Preciso estabelecer uma base melhor para trabalhar com Sally futuramente."*

> *"Preciso marcar uma reunião rápida com Rick para checar as coisas."*

> *"Se eu não estivesse procurando a mina de ouro (ou se tivesse sido mais rápido em encontrá-la), isso não teria acontecido."*

> *"Se eu tivesse sido mais direto com o cliente, não estaria nessa situação."*

Eu vejo a responsabilização como um freio. Ela interrompe a força súbita da dor que vem de culpar os outros. Caso seu sócio o prejudique, deixando você numa espiral obscura de culpa, a responsabilização o tira de lá. Se você escuta duas pessoas discutindo, perceberá que a intensidade da conversa muda no segundo em que alguém se move em direção à responsabilização.

Não importa qual desafio estou enfrentando, tenho que aceitar que de alguma forma tomei uma decisão que me colocou naquela situação. Mesmo que minha decisão tenha sido ignorar a situação até o momento, ainda assim eu preciso me responsabilizar por isso. Me traz grande calma e bem-estar saber que todos os problemas em minha vida são 100%

minha culpa. E me anima saber que mais ninguém está no controle. Se eu criei o problema, então tenho o poder para eliminá-lo. Se não criei o problema e ele é maior que eu ou meramente circunstancial, ainda assim posso decidir como absorvê-lo.

Responsabilização é o ingrediente mais desafiador para a maioria das pessoas, porque a autoestima delas é fundamentada nos resultados de suas ações. É difícil assumir a culpa quando você não é gentil consigo mesmo ou otimista com o futuro; assumir a culpa o deixa completamente vulnerável ao julgamento dos outros.

As pessoas temem a opinião de terceiros, então desenvolvem um mecanismo de defesa do ego contra seus próprios erros. É uma forma de evasão disfarçada de solução.

Eu torço pelas pessoas. Mostro minha admiração por elas. Entretanto, não acho que elas são melhores que eu. Também não acho que sou melhor que elas. Quando você não superestima sua própria opinião, fica mais fácil não superestimar as opiniões dos outros. Isso permite que você se responsabilize. É fácil dizer ao mundo "A culpa é minha", pois não há nada que ninguém possa dizer que afetará minha autoestima.

Você pode conseguir ludibriar certas pessoas ao fugir da responsabilização, mas não pode tapear aqueles com mais inteligência emocional que você. Pessoas que têm um QE alto são tipicamente as mais apreciadas ou as mais bem-sucedidas, e é realmente ruim se você não pode cativar esse grupo.

Para elas, é óbvio quando você está terceirizando a culpa. Infelizmente, muitas pessoas preferem viver suas vidas enganando outras pessoas emocionalmente fracas. Elas preferem conquistar aqueles que são movidos pelo ego e pelo medo.

Tenho empatia por aqueles que evitam a responsabilização, pois por muito tempo eu também evitei a sinceridade gentil e o confronto pessoal. Fui longe demais no sentido de ser empático e assumir a responsabilidade pelas fraquezas ou pelos erros dos outros, o que fez com que alguns funcionários não percebessem que também poderiam melhorar. Evadir-me da sinceridade gentil sempre me levou a uma situação em que eu não queria estar. A curto prazo, evitei conflitos, assim, ao longo dos meus mais de vinte anos na VaynerMedia e na Wine Library, alguns funcionários saíram porque não lhes dei o feedback adequado sobre como poderiam crescer.

Continuo aprendendo que líderes precisam misturar sinceridade gentil com responsabilidade. Muita responsabilização pode dar lugar à falsa legitimidade e aos ressentimentos no futuro, tanto para gerentes quanto para funcionários. Talvez a sinceridade gentil possa tornar mais fácil para você aceitar a capacidade de se responsabilizar: isso significa que você não precisa aceitar passivamente toda a culpa.

Se você está tendo atrito com um parceiro de negócios, pode assumir a responsabilidade ao enfrentar tal situação, mas ainda assim dar feedback à outra pessoa quando necessário. Você pode fazer as duas coisas.

É claro que, nos negócios, a estabilidade financeira é a grande variável que pode facilitar a responsabilização. Por isso, economizar dinheiro é crucial.

Enquanto você trabalha no desenvolvimento desse ingrediente, o encorajo a se fazer esta importante pergunta: *você pode pedir demissão amanhã?*

Muitas pessoas não conseguem. Uma coisa é ter 22 anos e ser recém-formado na universidade sem dívidas, mas, quando você começa a adicionar outras responsabilidades, não se trata mais apenas de você. Mesmo que *você* acredite que pode morar em uma casa menor sem coisas chiques, talvez tenha filhos, e cada um precisa de seu próprio quarto para estudar. Ou pode ter alguém importante em sua vida que queira um estilo de vida diferente.

Você se sente preso? Se for o caso, um bom começo em relação à responsabilização é examinar suas despesas e ver onde pode economizar dinheiro. Você pode morar a uma hora do trabalho para economizar no aluguel, agora que mais empresas aceitam trabalho remoto? Você pode vender algumas coisas que não usa mais?

À medida que envelheço, percebo quanto da minha felicidade vem de estar no controle. O setor financeiro é apenas um aspecto disso. A questão é, também, estar no controle de como uso esses doze ingredientes e meio.

Quando você realmente sente que está no domínio, não teme o resultado. Se você tem economias, pode se sentir seguro, porque pode cuidar de si mesmo. Se você ainda está trabalhando para obter essa segurança, ainda pode se sentir seguro sabendo que sempre poderá conseguir outro emprego. Sempre existem mais oportunidades. O mundo é abundante e você está no comando.

Grande parte da angústia que as pessoas enfrentam diariamente vem de um sentimento de impotência. A responsabilização tem capacidade para reverter isso.

Eu gostaria que este livro se chamasse *Treze*, mas não dá. Chama-se *Doze e Meio* porque ainda estou lidando com meu ingrediente de sinceridade gentil. Se você sabe que a responsabilização é uma de suas metades, espero que comece a fazer o mesmo agora.

OTIMISMO

Esperança e confiança no futuro ou no
resultado bem-sucedido de algo.[1]

Em 13 de dezembro de 2020, postei um vídeo no Instagram de um cervo saltitando em uma praia. Eu dei a ele este título: "Tudo que eu quero é que você seja tão feliz quanto este filhote de cervo… só isso."

Visite garyvee.com/fthelion para conferir.

Alguém deixou um comentário nessa postagem, dizendo: "Até que o leão apareça."

Eu respondi: "E então ele ficará esperto e fugirá do leão, muitos estão com medo pensando no leão sem perceber que são capazes de evitá-lo!!! Foda-se o leão."

Otimismo é uma palavra que se tornou controversa em alguns aspectos. Há o equívoco de que significa a mesma coisa que ilusão. Uma porcentagem incrível de pessoas (provavelmente incluindo o usuário que deixou o comentário) acredita que o otimismo é apenas outra palavra para decepção e perda. Aqueles que estão com medo e machucados temem o otimismo porque não querem se decepcionar, então confundem otimismo com ingenuidade.

Dê um tempo e releia a definição no início deste capítulo.

Em contraste, aqui está a definição de *ilusão*: "Uma falsa crença ou julgamento sobre a realidade externa, mantida apesar da evidência incontestável do contrário, ocorrendo especialmente em condições mentais."[2]

Percebe como são diferentes?

O oposto de otimismo é pessimismo. Aqui está a definição de pessimismo: "Tendência a ver o pior aspecto das coisas ou a acreditar que o pior vai acontecer; falta de esperança ou de confiança no futuro."[3]

Faz sentido acreditar que, com esperança e confiança no futuro, você tenha uma chance maior de alcançar o resultado desejado? Acho que sim. Mais importante, você tem muito mais controle de sua perspectiva do que sobre os trilhões de variáveis que tornam a caminhada no universo tão complicada.

Escolher o otimismo ao invés do pessimismo é, no fim das contas, extremamente prático. Isso não significa ser ingênuo ou cego para as desvantagens nos negócios ou na vida. Na verdade, estou mais ciente do que a maioria sobre o que pode dar errado. Só acredito que sou capaz de enfrentar qualquer desafio. Por exemplo, se você acha que será genuinamente feliz tomando conta de seu próprio negócio, não vou mentir e lhe dizer que será fácil. No entanto, é animador você ter pelo menos a oportunidade de tentar. Seu avô não poderia abrir uma empresa contando com um smartphone. A gratidão pode alimentar o otimismo. Tem noção de como você é sortudo?

Otimismo é sentir-se entusiasmado ao bater um pênalti, enquanto reconhece que não é garantido que você fará o gol.

Se isso é difícil para você, pergunte-se qual é seu mecanismo de defesa quando algo não sai como planejado. Limita-se a culpar os outros e ficar chateado? Você carece de responsabilização? Usa o ego como escudo? Você rasteja para dentro de uma concha porque está remoendo o passado e se culpando? Sua autoestima é completamente influenciada por aquilo que as outras pessoas pensam de você?

Ou você assume a responsabilidade? Você implementa a gratidão para evitar permanecer no erro? Tem um ponto de vista da vida como um todo, além de seu negócio ou carreira? Você é gentil consigo mesmo?

Os outros ingredientes emocionais o ajudarão a lidar com as perdas de maneira mais eficaz para que você não se decepcione com tanta frequência. Quando você sabe que não vai se desiludir, o otimismo surge naturalmente.

Reestruturar suas emoções leva tempo. Comece se cercando de pessoas otimistas e limite as interações com indivíduos que mentalmente o puxam para baixo. Encha seus ouvidos com positividade por meio de podcasts e vídeos — 24 horas por dia, 7 dias por semana, 365 dias por ano.

Grupos que foram historicamente oprimidos tendem a extrair otimismo de outros grupos bem-sucedidos que se parecem com eles. Essa é uma das razões pelas quais a representatividade é tão importante.

Meus avós sempre apontavam para a TV se houvesse uma pessoa com um sobrenome judeu. Eles diziam: *"Nossa, um judeu está na TV!"*

Eles sofreram opressão na União Soviética. Na época, eu não entendia, mas agora vejo porquê eles ficavam entusiasmados ao ver pessoas de sucesso que se pareciam com eles — eram uma fonte de esperança.

Penso no otimismo como um mapa. Ele me ajuda a ver meu destino. É uma das muitas razões pelas quais valorizo mais a jornada do que o resultado. O otimismo torna a jornada muito mais divertida do que o pessimismo. É emocionante acordar de manhã e dar o pontapé inicial quando tenho esperança e confiança para alcançar meus objetivos. O otimismo faz o *jogar* o jogo ser mais divertido do que *ganhá-lo*.

Eu falo sobre como quero comprar o New York Jets um dia, mas gostaria que você pudesse entender o quão pouco eu realmente me importo com isso. Claro, seria incrível se acontecesse, mas me sinto bem se não acontecer.

O que não me deixa bem é não tentar.

É por isso que acredito que o otimismo anda de mãos dadas com a perseverança. Como você pode perseverar se não acha que pode alcançar o que está tentando conquistar? Como poderá fazer o esforço necessário? Mais importante, como você pode manter o sucesso depois de adquiri-lo?

Se estou escalando uma colina e digo a mim mesmo que não vou conseguir chegar ao topo, não é tão divertido insistir nisso. Mas, se eu acreditar que posso, vou realmente gostar do processo de escalar, mesmo que os pessimistas digam que não posso. Reconheço que, assim como Darth Vader, você pode usar o pessimismo com a perseverança para atingir seus objetivos, mas não é algo sustentável. Se você tem confiança em um resultado positivo e combina seu otimismo com perseverança, o sucesso tem mais chances de se tornar realidade e ser sustentável.

EMPATIA

A habilidade de compreender e compartilhar os
sentimentos do outro.[1]

Vamos conversar sobre o elefante na sala.

Chamei meu projeto de vinhos de Empathy Wines [Vinhos da Empatia, em tradução livre]. Em 2019, foi vendido para a Constellation Brands, mas sempre terá um lugar especial no meu coração e na minha alma.

Quando ouço a palavra *empatia* e leio sua definição, fico emocionado. Empatia é um ingrediente poderoso que impulsionou muito meu sucesso nos negócios e na vida.

Empatia é a razão pela qual investi minhas economias que fiz durante a vida no Facebook e no Twitter no início. É por isso que estou otimista quanto ao futuro dos NFTs (tokens não fungíveis, ativos digitais exclusivos que existem em uma variedade de setores, da arte digital aos imóveis virtuais, colecionáveis e muito mais). É por isso que eu sabia que CryptoPunks iriam ascender em popularidade, e que rappers como Gunna e DaBaby teriam carreiras de sucesso. É por isso também que eu sabia que a internet mudaria os negócios do meu pai quando muitos pensavam que a "superestrada da informação" era apenas uma moda passageira.

Vou continuar a fazer isso nas próximas décadas de minha carreira. No fim, acho que serei visto como alguém que tinha um senso estranho de comportamento humano.

Empatia é minha maneira de ficar antenado.

Isso naturalmente combina com a curiosidade, como você aprenderá quando chegar a essa seção. A curiosidade é o esforço que faço para aprender sobre NFTs. Empatia é meu sentimento intuitivo de que eles serão uma grande parte de sua vida no futuro. Quando se trata de NFTs especificamente, tenho a mesma sensação que tive no início da era da Web 2.0 em 2005.

Tenho empatia pelas pessoas sentadas à minha frente em uma mesa de reunião, mas também tenho empatia pelas massas. Para mim, é tão fácil sentir os sentimentos da pessoa ao meu lado quanto sentir o que todos vocês estão sentindo ao ler este livro. É louco e quase esmagador para mim poder sentir todos vocês coletivamente, com todas as suas diferentes nuances, perspectivas e origens. Isso me ajuda a me comunicar contextualmente.

Quando você é empático, reconhece por que as pessoas se comportam como se comportam.

Por que você acha que reajo com compaixão por aqueles que deixam comentários de ódio em meu conteúdo, e não com raiva ou frustração? Se alguém está utilizando seu tempo acessando minha conta, consumindo meu conteúdo e, em seguida, deixando um comentário negativo dizendo que sou péssimo, então isso é um reflexo sobre ele. Ele está com dor suficiente para querer me arrastar para seu baixo nível emocional.

Os Ingredientes Emocionais   29

Alguém certa vez comentou em um conteúdo: "Gary, isso é ridículo, você não é tão especial."

Eu respondi: "Não é isso que minha mãe diz."

E, depois de examinar a conta desse usuário, acrescentei: "Sua fotografia é notável."

Eu implemento empatia e gentileza contra o ódio porque sei que é preciso mais força para ser empático. Olhando de fora, as pessoas pensam que quem age com negatividade e agressão leva vantagem na interação. Sei que é o contrário.

Se eu estivesse trabalhando em uma empresa com um chefe tóxico, iria imediatamente buscar a empatia. O chefe pode parecer que está ganhando externamente e pode levar os observadores casuais a pensar que pisar nos outros é a maneira de você progredir. Mas aquele chefe, provavelmente cínico ou inseguro, está indo para casa e tomando pílulas secretamente ou bebendo como válvula de escape. Ou odiando mamãe e papai e o mundo inteiro.

Para mim, é simples lidar com esses cenários. Eu me sinto mal pelo chefe. Como não poderia, quando aquele ser humano deve estar sofrendo tanto?

Empatia é o ingrediente que fornece as respostas para o teste. Quando você pode sentir o que outra pessoa está sentindo, desenvolve uma habilidade extraordinária de manipular seres humanos. Acredito que é o superpoder supremo. Você pode causar uma carnificina com ele ou pode usá-lo para elevar o mundo, como estou tentando fazer por você com este livro. Eu estou tentando inspirá-lo a ser mais feliz ao fortalecer esses ingredientes para o sucesso nos negócios. Na realidade, trata-se de muito mais do que apenas ajudá-lo a vencer nos negócios. É o que o mundo precisa desesperadamente.

No entanto, uma coisa é ter empatia. Outra coisa é usá-la.

Existem mães, pais, CEOs, gerentes e líderes que têm a capacidade de empatia nos níveis mais altos. Ainda assim, eles próprios são inseguros, por isso não progridem.

Uma mãe pode sentir intuitivamente que sua filha tem ambições empresariais, mas elas podem viver — digamos — em uma parte remota do Texas, onde a vida de líderes de torcida e desfiles é tudo. A mãe sabe que a filha não está interessada nisso, mas, se a própria mãe não tiver autoestima, pode inconscientemente forçar sua filha a se tornar uma líder de torcida para evitar o julgamento de outras mães. Se você não tem autoconsciência (com autoaceitação e amor próprio, por associação), então a empatia pode ser uma de suas metades. Suas próprias inseguranças são como âncoras que o sobrecarregam e o impedem de realmente agregar valor aos outros.

Em um contexto de negócios, meu maior desafio com a implantação da empatia é equilibrar isso com permitir que outros aprendam por conta própria. Dois funcionários da minha equipe tiveram um conflito na semana passada. Sei as respostas para a situação e o que cada um deveria ter feito, mas devo dizer a eles? Há lições muito necessárias para ambos os funcionários, mas devo agir de forma enérgica e apenas mostrar a eles?

Se eu fizer isso, eles podem começar a se pautar no medo. Ou posso estar apenas colocando um esparadrapo que não leva a uma mudança duradoura. Eles podem precisar chegar a essas realizações sozinhos, mas reter feedback pode criar falsa legitimidade. Como você verá na Parte II, quando nós mergulhamos em cenários de negócios da vida real, estou sempre tentando descobrir quando e como entrar em ação com feedback.

A empatia é um ingrediente que nos faz avançar nos negócios e na vida. Na verdade, acho que torna os outros onze ingredientes e meio mais fáceis de usar. Você pode lidar com qualquer situação se puder sentir os sentimentos dos outros envolvidos.

BONDADE

A qualidade de ser amigável,
generoso e atencioso.[1]

Uma vez, na Wine Library, um funcionário de quem eu era bem próximo roubou US$250 mil em vinho.

O que você faria nessa situação?

As pessoas pensam na bondade como um ingrediente a ser empregado em relação às pessoas que as desapontaram, magoaram, chatearam ou colocaram em uma situação precária. Para mim, trata-se de ser gentil com aqueles que *me* colocaram em uma posição difícil. Tenho sido mais bondoso quando associados são rudes comigo ou me prejudicam nos negócios e, dois anos depois, fingem que nada aconteceu.

Costumo dizer a meus amigos de grande potencial que ser bondoso é fácil quando é fácil. Ser bondoso quando você está sob pressão é difícil. Fácil é explodir e xingar as pessoas quando você está se sentindo estressado. Logo, é preciso de uma força interna para ter essa grandeza, pois é uma característica importante que pode diferenciá-lo dos outros.

No dia a dia, me apoio na bondade para superar os momentos de ansiedade e os desafios nos negócios. As pessoas mais próximas de mim tiveram o luxo de ver isso. Mas estou triste que meu estilo de comunicação agressivo na frente da câmera crie alguma confusão sobre minha obsessão com essa palavra.

Você não tem o contexto completo dos outros. Você não tem um insight 100% sobre o que está acontecendo nas mentes dos outros ou os eventos de suas infâncias que os moldaram em quem são hoje. Então, como você pode julgá-los?

Da mesma forma, quando outras pessoas o julgam, como você pode levar esse julgamento a sério se elas não têm todo o contexto sobre você? Aqueles que se julgam com severidade tendem a julgar os outros também da mesma maneira. Aqueles que são gentis consigo mesmos tendem a ser gentis com os outros.

Quando recebi a notícia de que um funcionário havia nos roubado, foi como um soco no estômago. Eu sabia que meu pai ficaria ressentido com a cultura aberta e inclusiva que criei e que (em sua mente) permitia que um dos nossos se aproveitasse de nós. Imediatamente, entrei no modo proteção.

Primeiro, lembrei a meu pai que as pessoas nos roubaram no passado, mesmo quando ele mantinha a empresa sob "punho de ferro". É apenas a natureza de um negócio de varejo. Então, me perguntei: "Aquele funcionário está bem? Por que fazer isso? Há alguma coisa que eu não sei?

Havia. Essa pessoa era viciada em analgésicos, precisava de dinheiro desesperadamente, e por isso roubou a empresa.

Acredite ou não, sinto gratidão e culpa nessas situações. Tive muita sorte em minha vida por não estar sofrendo. Como eu poderia não ter empatia e bondade para encontrar perdão para aquela pessoa? Como eu poderia não me sentir mal?

Isso não significa que você não pode responsabilizar essa pessoa. As pessoas confundem a definição de *bondade* com a definição de *moleza*: "Uma pessoa fácil de superar ou influenciar."[2] Elas não são iguais de forma alguma.

Você pode ser gentil, sincero e se manter firme, tudo ao mesmo tempo. Quando você está em um confronto com um funcionário, fornecedor ou cliente, a bondade permitirá que a outra parte se abra para você de um modo que, caso contrário, nunca aconteceria. Sou apaixonado por praticar a bondade para criar um ambiente seguro ao dar más notícias ou ter conversas difíceis.

No entanto, se você for muito empático e gentil sem equilibrar isso com sinceridade, se deixará levar pelo ressentimento mais tarde na vida. Quando você está otimista sobre o futuro, pode ser uma pessoa melhor no momento em que os outros fazem coisas erradas com você, mas, quando o tempo começa a se esgotar, você inicia um ataque.

Se eu não tivesse começado a desenvolver uma sinceridade gentil como um ingrediente emocional, o ressentimento floresceria na minha velhice. Eu implementaria o oposto desses ingredientes nos meus 80 e 90 anos.

A sinceridade gentil sempre foi um desafio para mim, porque não me importo com o que a maioria das pessoas se preocupa. Não sou transacional. Sou um doador emocional; portanto, tenho uma capacidade maior para lidar com o ressentimento. Mas, ao mesmo tempo, sei que preciso equilibrar isso com outros ingredientes. Para você, pode ser o oposto, mesmo se você for ótimo em sinceridade, pode estar carecendo do elemento bondade.

Há um motivo pelo qual adicionei a palavra *gentil* após *sinceridade*. Como você entrega o medicamento é importante. Uma das razões pelas quais muitas pessoas escolhem um médico em vez de outro é o comportamento dele ao lado do leito. Não se trata apenas do conhecimento da medicina. É muito mais fácil engolir um xarope para tosse com sabor de uva do que beber um de gosto ruim. É mais divertido estar bem-humorado e sorridente antes de tomar uma injeção do que ter lágrimas escorrendo pelo rosto. Você vai tomar a injeção de qualquer jeito.

Não use a sinceridade como desculpa para não ser legal.

Durante a era Steve Jobs, eu literalmente assisti a jovens legais criarem um estilo de gerenciamento rude e rigoroso em suas organizações, como uma ode a Steve. Isso me atingiu profundamente e se tornou um dos motivos pelos quais eu queria falar mais sobre bondade. Na verdade, foi um catalisador para este livro e a razão pela qual eu quis colocar esses doze ingredientes e meio em um pedestal. Eu queria deixar traços legais como empatia, bondade e gratidão — assim como ser um idiota era legal naquela época.

Não estou tentando argumentar se ser um chefe rigoroso ou não aumenta a produtividade e a produção. Só estou tentando dizer que, no fim das contas, acredito que a bondade vence a grosseria. Tenho certeza de que podemos apontar para muitas organizações de sucesso que tinham estilos de gestão sombrios, e eu entendo. Treinadores "durões" podem criar equipes de sucesso. Mas, se você olhar atentamente, verá que há muito mais amor ali do que as pessoas percebem. Há mais contexto que as pessoas têm internamente.

Não sei todos os detalhes sobre Steve, mas sei como os jovens do Vale do Silício o interpretaram e como isso se tornou uma tradição. Minha intuição é que ele tinha muito mais amor e boas intenções do que sua reputação sugeria naquele momento.

Mesmo os treinadores mais rigorosos da NBA ou da NFL têm jogadores que os amam. Muitos também falam que o treinador é uma pessoa totalmente diferente de como é percebido pela mídia quando está longe dos holofotes.

Existe uma razão para isso.

O conceito de bondade como uma força é uma daquelas coisas contra as quais a sociedade realmente luta. Não é apenas a maneira como esse traço foi posicionado. Pretendo levar a narrativa da bondade como uma potência e ver que tipo de impacto posso ter.

É algo genuíno, que funciona efetivamente.

PERSEVERANÇA

A qualidade ou o fato de ser muito
determinado; determinação.[1]

Vivemos em um mundo no qual a palavra *labuta* foi manipulada e até demonizada. Para alguns, significa esgotamento e fadiga, e fico arrasado quando alguém quer associar essas palavras comigo.

Se você quer ter sucesso em alguma coisa, acredito que perseverança é essencial. No entanto, isso nunca deve acontecer às custas de sua paz de espírito e felicidade. A perseverança nunca deve ser igual ao esgotamento. Fico triste que algumas pessoas não tenham conseguido separar essas duas palavras.

Mas tenho empatia por elas. Muitos indivíduos veem a perseverança da mesma forma que eu via a sinceridade. Ao longo da minha vida, fui incapaz de separar a sinceridade da maneira negativa como a vi implementada em minha vida, então a evitei completamente.

Quando vejo as pessoas confundirem labuta ou perseverança com esgotamento, não fico bravo. Eu entendo.

Porém, há uma diferença clara entre os dois: esgotamento é um colapso físico ou mental causado por excesso de trabalho ou estresse. Perseverança é determinação.

O motivo pelo qual falo sobre desfrutar o processo de realização de suas ambições é que as pessoas se esgotam ao perseguirem o primeiro milhão, um Mercedes-Benz, uma bolsa Chanel ou fretar um jato particular. A razão de isso comumente levar ao esgotamento é que essas pessoas quase sempre tentam alcançar essas coisas em busca da aprovação dos outros, não para si mesmas. Quando você se coloca em posição de basear sua felicidade na validação alheia e em bens materiais de sucesso, você sempre estará, e quero dizer, *sempre*, à beira do esgotamento. É por isso que tento passar a mensagem de que essas não podem ser as metas que colocamos em um pedestal.

Em vez disso, e se você trabalhar em algo que realmente ama? E se você trabalhar em direção a um objetivo verdadeiramente para si mesmo, no lugar de tentar comprar alguma coisa a fim de provar algo para outra pessoa?

Ser perseverante é dizer a si mesmo: "Gosto tanto do meu processo que sou capaz de superar o que os outros normalmente veem como obstáculos ao longo do caminho."

Por exemplo, em meus vinte e poucos anos, alguns de meus ex-colegas de classe paravam na loja de bebidas do meu pai. Eram pessoas que se formaram e se tornaram médicos, advogados ou profissionais de Wall Street. Eles compravam champagne caro, eu entrava no porão e os pegava, trazia a caixa para cima, registrava no caixa, levava a caixa para o carro e a colocava no porta-malas. Em seus olhos, lembro-me de ver uma mistura de pena e ego. Eu era aquele garoto que ainda estava trabalhando na loja de bebidas do pai.

Foram minha perseverança e minha convicção que permitiram que aqueles momentos me motivassem, em vez de me devastarem. Eles se tornaram um peso saudável em meu ombro.

Como você verá na Parte II, minha reação imediata a cenários desafiadores normalmente envolve uma mistura de características brandas como empatia, bondade e gratidão. Mas, como Raghav Haran (meu parceiro neste livro) apontou enquanto estávamos escrevendo isto, aquela vez nos meus vinte e poucos anos foi uma das poucas ocasiões em minha vida em que agi com um pouco mais de garra, um pouco mais de *força*, com perseverança e convicção. Contudo, logo após isso, rapidamente implementei empatia e paciência. Como poderia esperar que meus amigos de 25 anos soubessem o quão estratégico e atencioso eu era naquela idade?

Eles não sabiam que minha obsessão na época era passar mais de uma década aperfeiçoando o negócio do meu pai como um agradecimento aos meus pais por tudo que fizeram por mim. Como eles saberiam? Essa foi uma decisão rara de tomar naquela época e que continua a ser extremamente rara. Eles não sabiam que eu tinha uma forte compreensão de como são os 80, 90 e 100 anos. Tive paciência e perspectiva. A ideia de trabalhar na loja de bebidas do meu pai por alguns anos não me assustava. Nunca me senti "atrasado" ou "fora do caminho". Tive que ser empático porque eles não sabiam que eu estava galgando voos mais altos.

Naquele ponto da minha vida, eu tinha um tremendo entendimento sobre o tempo. Minha ideia era fazer um "depósito" com meu tempo — dos 22 aos 32 anos — para minha família. Parecia incrivelmente fácil em um mundo no qual recebo mais de 10 mil DMs (mensagens diretas do Instagram) por mês de pessoas que estão "lutando" porque não descobriram isso aos 26 anos.

Achei interessante aprimorar meu ofício nas trincheiras da Wine Library, um negócio de varejo em que eu interagia com os clientes quinze horas por dia. Eu estava aprimorando minhas habilidades como comunicador porque precisava me preocupar com as vendas todos os dias. O negócio era nosso sustento; era com ele que comíamos. Porém, também sabia que um dia não estaria trabalhando lá. Ao construir uma marca da qual meu pai pudesse se aproveitar indefinidamente, eu não sentiria tristeza nos meus 45 anos de o negócio dele desaparecer depois que eu saísse. Como alguém poderia entender tudo isso? O que quero dizer é que não importava se eles entendiam. *Eu* sabia. E isso me fortaleceu para ir em frente.

Convicção e perseverança trabalham juntas. Quando você tem convicção no que está fazendo, é mais fácil perseverar.

Os Ingredientes Emocionais   41

Ao longo do processo de escrever este livro, eu ironicamente estive pensando muito sobre *competitividade*, uma palavra que surpreendentemente não foi encontrada com frequência em meus conteúdos na última década.
No entanto, estou percebendo que provavelmente subestimo o quanto a perseverança, a convicção e meu fogo interno para vencer em minha caminhada são fundamentais para quem eu realmente sou. Minha intuição neste exato momento enquanto escrevo me diz que a perseverança é a semente para o próximo livro.

CURIOSIDADE

Um forte desejo de saber ou de aprender algo.[1]

Estou lutando para escrever esta seção agora por causa da minha empolgação com os NFTs. Posso sentir meu metabolismo refletindo isso enquanto estou sentado na cadeira. Eu realmente acredito que os NFTs criarão uma revolução na criatividade humana e estou muito animado para aprender mais.

Depois de passar os últimos meses de 2020 focado nas operações da VaynerMedia, fiquei disposto a tirar um pouco meu pé do acelerador no início de 2021 a fim de ter mais tempo para pesquisas. Isso significou que minha empresa não cresceria tão rápido, mas não pude deixar passar essa oportunidade com os NFTs. Teria arrependimentos muito maiores se não fizesse isso.

DOZE E MEIO

Quando as pessoas não têm curiosidade, elas descartam novas oportunidades em vez de dedicar um tempo para explorá-las. Muitos indivíduos pensavam que jogar videogame não era uma forma prática de ganhar dinheiro. Hoje, os melhores jogadores e criadores de conteúdo de jogos eletrônicos estão ganhando milhões todos os anos.

Nos primeiros dias da mídia social, muitos especialistas descartaram tal possibilidade, considerando-a passageira. Eles disseram a mesma coisa sobre a Web 2.0. Quando comecei a falar sobre a ascensão dos cards de esportes como uma alternativa interessante de investimento, as pessoas não acreditaram que fosse prático.

Em 2021, foi iniciada uma era em que os artistas serão capazes de gerar renda para viver por meio de NFTs. No entanto, muitas pessoas acreditam que ser apto a desenhar não é uma habilidade prática. Existem vários artistas apaixonados e talentosos que estão aceitando empregos que acabarão odiando, sem perceber que poderiam ganhar a vida fazendo o que amavam quando crianças. Em vez disso, farão algo que não têm vontade, por exemplo trabalhar como executivos em um banco.

A palavra *curiosidade* é subestimada em nossa sociedade. Parece fofa, acadêmica e infantil, mas acredito que seja uma das características mais importantes para o sucesso nos negócios.

No mundo do vinho, minha curiosidade se manifestou ao ler todas as postagens de Mark Squires, no Wine Bulletin Board, em meados dos anos 1990. Por empatia e curiosidade, que acredito serem ingredientes fundamentais da minha intuição, achava que os vinhos australianos e espanhóis aumentariam sua popularidade, com base nas informações que reuni. E eu estava mais do que certo.

De certa forma, é semelhante ao que faz um A&R (representante de artistas e repertório) da indústria musical. Minha curiosidade me levou a trabalhar para aprender (como ir a clubes para descobrir artistas, do jeito que as pessoas de A&R faziam nos anos 1970 e 1980), e então usei a empatia para escolher o que era tendência, apostando em artistas que continuariam construindo grandes bandas. Isso é essencialmente o que faço para viver.

Curiosidade misturada com empatia pode levar à intuição. Então, depois de experimentar ou "provar" essa intuição, você pode desenvolver convicção.

Minha curiosidade acabou me levando a crer que o valor dos cards de esportes explodiria em certas categorias. O mesmo aconteceria com os NFTs.

Sou um antropólogo por natureza. Eu observo. Observo profundamente o comportamento humano, o que leva ao que alguns consideram previsões sobre tecnologias e atividades econômicas emergentes. Mas, na verdade, não faço previsões. Estou apenas prestando mais atenção ao que o mercado já vem fazendo e agindo mais rápido do que a maioria.

Quando você tem curiosidade, precisa protegê-la a todo custo com humildade. Não coloco meus sucessos em um pedestal na minha cabeça, porque minaria minha curiosidade. Isso me levaria a pensar que não tenho muito para conquistar. Na minha mente, ainda sou jovem. Ainda estou começando. Ainda estou "na lama". Se você tem um ego inflado, a curiosidade é suprimida.

As duas palavras que se destacam para mim na definição de curiosidade são *forte* e *aprender*. Para maximizar o valor da curiosidade, é preciso trabalhar duro. É preciso um resistente desejo de continuar aprendendo, não importa o quanto já tenha realizado.

Se mais atletas se voltassem para a curiosidade deles, ficariam animados quando se aposentassem, não tristes. Em vez de pensar *"Minha carreira acabou"*, eles pensariam: *pô! Eu tenho apenas 35 anos... O que mais posso fazer nos próximos 50 ou 60 anos de minha vida?*

Os atletas poderiam aproveitar seu talento, reputação, relacionamentos e conhecimento para explorar novas áreas da vida, seja construindo uma marca ou apenas se tornando pais melhores. Os jogadores do Hall da Fama são mais jovens do que eu, e acho que sou um bebê. Imagine o que penso sobre eles — eles estão muito, mas muito, no início de suas carreiras.

Se você é uma pessoa ambiciosa que pendurou as chuteiras aos 65 anos antes da era das mídias sociais, a curiosidade pode levar a uma nova carreira. Se você quiser voltar ao campo, dos 65 aos 90 pode ser como uma brincadeira. E se você compartilhasse seu conhecimento de mais de sessenta anos de vida? E se você pudesse aprimorar seu legado se comunicando com o mundo nas redes sociais, aproveitando uma oportunidade que não teve no auge de sua carreira?

Além do otimismo, uma das forças motrizes do meu amor pela jornada é a curiosidade. Eu me pergunto qual o tamanho de um negócio que eu posso realmente construir. Eu me pergunto em quantas pessoas posso causar um impacto. Eu me pergunto quantos vão aparecer no meu funeral um dia.

Estou fascinado com o quão grande tudo isso pode ficar. Eu quero ver até onde isso vai dar.

A segunda palavra crucial na definição acima é *aprender*.

Aqueles que seguem meus conteúdos nas redes sociais costumam ficar confusos com minha perspectiva sobre educação. Acredito que a educação é a base do sucesso, mas também acho que devemos questionar a maneira como ela é colocada nos Estados Unidos de hoje.

Se você vive e respira empreendedorismo e realmente tem potencial para ser um empresário, é válido questionar se vale a pena assumir dívidas com a faculdade. Mais alunos, pais e organizações precisam reconsiderar o valor da faculdade para suas ambições específicas.

Dito isso, o motivo pelo qual estou no conselho da Pencils of Promise é que eles constroem escolas em lugares como Gana, Laos e Guatemala. Em países menos desenvolvidos, a escola pode ser a porta de entrada para oportunidades, da mesma forma que a internet e as mídias sociais são nos Estados Unidos.

A aprendizagem pode vir de diferentes formas. Você pode aprender mandando mensagem para alguém que admira e pedindo para trabalhar para essa pessoa. Você pode aprender indo a uma aula. Você pode aprender consumindo conteúdo no Twitter e no YouTube, como estou fazendo para aprender sobre NFTs. A curiosidade é a inspiração para essa ética de trabalho.

Pessoas que não têm curiosidade muitas vezes se enganam pensando que estão exibindo convicção. Você pode não querer aprender sobre novas tecnologias, plataformas ou oportunidades porque está "focado em uma só coisa". Respeito se você não gosta de fazer malabarismos com muitas bolas ao mesmo tempo — diversas pessoas não gostam —, porém tome cuidado para não colocar suas realizações passadas em um pedestal ou operar a partir do ego e chamar isso de convicção.

Não quero colocar os ingredientes deste livro uns contra os outros, mas, se eu fosse forçado a escolher, colocaria curiosidade e humildade acima de convicção e perseverança.

PACIÊNCIA

Capacidade de aceitar ou
tolerar atrasos, problemas ou sofrer
sem ficar com raiva ou chateado.[1]

Quando ouço essa definição, sorrio de orelha a orelha.

Minha comunidade provavelmente está cansada de me ouvir falar sobre paciência. Mas tenho notícias terríveis: vou continuar a inserir essa porra de palavra na cabeça de cada pessoa que já conheci.

A paciência tem sido um belo presente em minha vida. Raghav externou que ele não esperava ver "tolerar [...] sofrer sem ficar com raiva ou chateado" na definição, e eu também não. Sinto uma associação próxima com essa palavra e com a forma como ela é definida.

Caso o céu seja um lugar onde colocam uma palavra no seu peito, eu sei que essa será a minha. Paciência é um ingrediente fundamental para a leveza que sinto por dentro. Quando você tem um bom relacionamento com o tempo, a pressão diminui e você pode fazer muito mais. Se eu puder, um dia, a paciência estará no currículo escolar infantil de todos os lugares.

Gostaria que mais pais percebessem que a paciência é um dos ingredientes mais importantes que as crianças precisam desenvolver. Teríamos filhos muito mais felizes que não precisariam de escapismo para lidar com o estresse que a impaciência cria. Um número impressionante de pessoas de 18 a 30 anos sente ansiedade em relação à carreira porque não tem um bom relacionamento com a paciência.

Já vi dezenas de funcionários passarem por empresas com as quais estive envolvido e que pareciam destinados a grandes coisas, mas foram prejudicados por sua impaciência. Eles esperavam aumentos surpreendentemente altos, exigiam promoções sem resultados ou faziam outras demandas irrealistas para alimentar suas inseguranças de curto prazo. Infelizmente, prejudicaram seu potencial de longo prazo dentro da organização porque estavam com muita pressa e não tinham autoconsciência.

Sem a paciência, a insegurança atinge níveis extremos.

Quando você está desesperado para provar algo a outras pessoas no curto prazo, não se dá a chance de usufruir do processo. Quando você não gosta do processo, fica mais vulnerável ao esgotamento. Se você está se forçando a trilhar um caminho só porque *pensa* que vai ganhar 1 milhão aos 30 anos de idade e não consegue, você pode se deparar com grandes problemas de autoestima aos 31.

Preocupar-se com a opinião de outras pessoas sobre suas realizações no momento em que você ainda nem as alcançou é um erro comum. A paciência lhe permite lidar com o julgamento de outras pessoas nos seus vinte e poucos anos e depois disso. Quando meus amigos financeiramente bem-sucedidos vieram para a loja de bebidas do meu pai e olharam para mim com pena, minha paciência foi o motivo pelo qual fui capaz de lidar com isso sem esforço.

Aqueles que são pacientes não são menos ambiciosos ou perseverantes. Na verdade, a paciência pode lhes dar o aval para sonhar mais alto.

Deixe-me ser bem transparente com você: não cheguei nem perto de alcançar o que quero. Nem mesmo em minha própria área de atuação.

Também estou ciente de que conquistei muito até hoje aos olhos dos outros. Mas para mim? Assim como você, sinto que há muito mais a ser feito. Aos 46 anos de idade, quando este livro é lançado, ainda sou paciente. Não estou com pressa de realizar meus sonhos nos próximos 2 ou 3 anos — estou entusiasmado com os próximos 46.

Você pode imaginar por que tento, em minhas conferências, alertar os mais jovens para que entendam que eles possuem o maior patrimônio: tempo. Para todos vocês, de 22 anos de idade: se eu pudesse, abriria mão de tudo para trocarmos de lugar.

Também quero lembrar a quem tem 66 anos, que mais 25 anos com a medicina moderna é bastante tempo para você alcançar o que sonhou aos 13, 23 ou 33 anos. Ainda dá tempo de estimular sua curiosidade. Vejo a paciência como fundamental não apenas para o estagiário iniciante, mas também para CEOs, diretores e executivos seniores.

Quando você é paciente como líder, pode dar aos funcionários espaço para que cresçam e se desenvolvam ao longo do tempo. De repente, você não fica com raiva dos pequenos erros que eles cometem nas primeiras semanas de trabalho. Com o tempo, você se sente mais confortável com o treinamento e o desenvolvimento de jovens talentos. Você está mais disposto a olhar para o desempenho deles como um todo, em vez de supervalorizar como eles se saíram na primeira ou na décima semana. Na ocasião em que você é paciente consigo mesmo, pode ser paciente com os outros.

Como muitos dos outros ingredientes, no entanto, a paciência precisa ser equilibrada com a sinceridade gentil. Ao ser excessivamente paciente, você corre o risco de plantar as sementes do ressentimento. Quando minha paciência se esgotou no passado, acabou me levando a saídas turvas e lamacentas. Se e quando as pessoas provarem que são incapazes de fazer o trabalho para o qual foram contratadas, a sinceridade gentil precisa entrar em ação.

Tenho um insight interessante para todos vocês: quase todas as vezes que posto algum conteúdo sobre paciência, surge uma quantidade impressionante de comentários assim: "É mais fácil falar do que fazer." Quero lembrá-lo, enquanto descobre suas metades, que todas as grandes coisas deveriam ser difíceis.

CONVICÇÃO

Uma crença ou opinião firmemente sustentada.[1]

Por que eu escreveria publicamente que os NFTs vão provocar uma revolução na criatividade humana? Por que eu me colocaria em uma posição na qual poderia estar muito errado na frente de tantas pessoas, quando os NFTs ainda são novidade?

Declarar suas convicções em voz alta é uma vulnerabilidade. Você pode estar errado.

Para mim, porém, a convicção é como a religião. Estou ciente de que essa é uma declaração poderosa e não estou tentando irritar ninguém. A razão de eu dizer isso é porque se trata de uma crença forte. Considero minhas convicções de negócios como uma religião. Quando estou convencido de algo, nada pode me impedir.

A convicção é a estrela-guia que o mantém no caminho certo, ajudando-o a perseverar ao longo da jornada, apesar das dificuldades inevitáveis. Sem convicção, você deixará passar grandes oportunidades e as perderá por causa da opinião de outras pessoas, o que é a mais devastadora de todas as coisas.

Se Elon Musk, Warren Buffett, Oprah Winfrey e Jeff Bezos entrassem em minha sala agora e dissessem que os NFTs não têm potencial de longo prazo, você não poderia imaginar o quão pouco me importaria com o que eles têm a dizer. Apesar de todos os sucessos e inovações nos negócios que atingiram, suas opiniões subjetivas não seriam capazes de penetrar em minha convicção.

Mas e se ninguém comprar NFTs daqui a sete anos? Esses dados do mercado podem me fazer mudar de ideia. O que não mudará minha opinião são os pontos de vista de quatro pessoas, não importa o quão bem-sucedidas elas possam ser. Mesmo que tenham tido êxito no passado, isso nem sempre é um indicador garantido de que estão corretas quanto ao futuro.

É por isso que não ensino dogmaticamente assuntos que não conheço. Não tenho opinião sobre Marte. Tenho curiosidades e hipóteses sobre a realidade virtual, mas preciso de mais informações do mercado antes de falar publicamente de minhas convicções. Preciso "sentir" o comportamento dos consumidores finais.

A realidade aumentada me empolga porque Pokémon Go já surgiu. Vi pessoas pararem no acostamento e pularem do carro para pegar um Pikachu inexistente na floresta. O que quer dizer *que existia*. Não tenho dúvidas de que vamos viver em um universo de realidade mista. A RA pode não ter escala ainda, mas vai acontecer. Já aconteceu.

Quando vi nerds falando uns com os outros de seus porões em 1994 por meio dessa coisa chamada internet, eu sabia que era apenas uma questão de tempo até que o mundo todo fizesse o mesmo. Quando vi criancas jogando Fortnite ou comprando produtos digitais, sabia que era apenas uma questão de tempo até que os adultos começassem a fazer isso também. Na verdade, eu vi adultos fazerem isso. Chamava-se Farmville, no Facebook, em 2010.

Muitas vezes vejo minhas crenças contrastando com relatórios e estudos oficiais. Minha pergunta é sempre: *"Como você chegou aos resultados desse relatório?"*

É uma representação verdadeira do comportamento do mercado? Ou você concluiu que, digamos, 67% dos norte-americanos acham que café é delicioso porque você entrevistou 91 pessoas e afirmou que a matemática era significativa?

Estou tentando viver em osmose constante com todas as 328 milhões de pessoas nos Estados Unidos. Eu quero sentir o pulso da cultura. Vivo em um estado contínuo de curiosidade e empatia, o que abre caminho para fortes convicções.

Como minhas crenças vêm de minhas intuições, não acho que estou "certo". Só acho que tenho idade suficiente para saber que minha intuição tem um histórico sólido.

Ganhei muito nesse jogo. As pessoas começam me dizendo "Não", que depois se transforma em "Talvez" e, por fim, se transforma em "Você é um inovador" ou "Como você previu isso?".

Essa foi a base da minha carreira. Fazer um grupo de foco de cem pessoas nem sempre trará os resultados esperados.

Quando você segue suas convicções não obstante a resistência da sociedade, uma de duas coisas acontecerá: ou você estará certo, ou ficará feliz por ter ido até o fim. Se você largou seu emprego bem remunerado em um escritório de advocacia para abrir uma linha de roupas e fracassou dois anos depois, não precisa se sentir envergonhado por não manter seu emprego como sua mãe mandou. Você pode se sentir aliviado, pois, aos 80 e 90 anos, não vai estar se perguntando: "E se eu tivesse tentado?"

Prefiro morrer pela minha própria espada a morrer pela de outra pessoa. Mantenho minhas convicções até que o mercado me diga que estou errado. E, quando estou errado, também faço ajustes com convicção.

Com o tempo, me aprimorei em desenvolver minhas convicções para ser mais pensativo. Eu acreditava no trabalho duro, por exemplo, e ainda acredito, mas agora posso ver um cenário mais detalhado depois de enxergar como o mercado interpretou mal minha mensagem sobre se mover depressa. Comecei a enfatizar que primeiro você precisa amar seu trabalho, porque o trabalho duro não é sustentável sem amor e paixão. Hoje trabalho tão duro quanto qualquer pessoa que conheço, mas não era assim na escola porque odiava aquilo e não equivalia às minhas ambições.

Esse era eu com a escola, mas pode ser você com seu trabalho. Pode até mesmo ser você com empreendedorismo. Talvez você queira trabalhar com um sistema estruturado. Se você possui um negócio, sofre mais pressão do que qualquer outra pessoa em sua empresa. Talvez você não goste disso. Talvez você queira que um chefe ou CEO se preocupe com o futuro da empresa, para que você não precise. É aqui que a autoconsciência pode levar à convicção sobre suas ambições.

HUMILDADE

Uma visão modesta ou inferiorizada de sua
própria importância; modéstia.[1]

Na verdade, eu odeio essa definição. Por que a humildade é considerada uma visão inferior? Foda-se isso.

Concordo que é uma visão modesta de si mesmo. Eu diria que é uma visão justa, até mesmo compassiva. Tenho grandes ambições para minha carreira, mas não estou confuso. Mesmo quando ícones culturais lendários (como Prince e David Bowie), celebridades ou políticos influentes morrem, ficamos de luto por um tempo, mas depois seguimos em frente. Reconheço o quão pouco de fato importo no grande esquema das coisas, e isso é pensar de forma humilde. Não importa quantos elogios eu receba, não importa o quanto as pessoas me ovacionem, nunca me permiti acreditar que sou mais especial do que qualquer outra pessoa.

A humildade é um requisito se você deseja cultivar uma reputação positiva duradoura e deixar um legado admirável. Os líderes não podem manter o sucesso sem ela. Isso não significa que eles não possam ascender na hierarquia e ganhar dinheiro. Dependendo da organização, liderar com ego pode gerar promoções e aumentos, mas as pessoas inevitavelmente falarão mal desses líderes pelas costas. Se deseja que sua reputação resista ao teste do tempo, você com certeza precisa de humildade.

Essa é uma das características mais atraentes que os seres humanos podem ter.

Deixe-me fazer a seguinte pergunta: você gostaria que as pessoas que o conhecem pouco pensassem que você é o melhor e as pessoas que o conhecem melhor pensassem que você é o pior? Eu realmente acredito que essa é uma pergunta que a maioria das pessoas precisa se fazer. Muitos ficam confusos ao ver histórias de sucesso de pessoas que não são grandes seres humanos. Mas elas foram realmente bem-sucedidas? Como elas se sentiram quando estavam no topo? E, o mais importante, como elas se sentirão em seus últimos dias?

Seria a maior devastação da minha vida se eu atingisse meus objetivos financeiros e profissionais, mas as pessoas que mais me conhecem falassem mal de mim. Eu nunca vou querer esse legado. Me destruiria.

Como minha humildade é o ingrediente menos óbvio em meu conteúdo, acho que é o que conquista aqueles que estão mais próximos de mim. A maioria das pessoas confunde minha paixão com minha capacidade de ter compaixão. As pessoas que consomem meu conteúdo nas redes sociais podem pensar que minha agressividade e minha competitividade eclipsam minhas outras características.

Não incluímos competitividade como ingrediente neste livro, mas isso esteve bem próximo de acontecer. Se algum dia eu escrever uma

Os Ingredientes Emocionais   **59**

sequência com novos ingredientes, tenho certeza que ela estará lá. Ou talvez o motivo pelo qual estou adiando isso seja porque a competitividade pode precisar ser um livro inteiro por si só.

Não deixa de ser interessante o modo como penso sobre competição. Quero bater com força no rosto coletivo de meus competidores quando estou dentro do campo jogando com eles, mas, se eu perder, visto imediatamente as sandálias da humildade. Eu perdi. Não posso me iludir. É o ingrediente que me permite aproveitar o mérito do negócio, ganhando ou perdendo.

A humildade cria uma sensação reconfortante de segurança que pode ajudá-lo a agir com mais rapidez nos negócios. Se eu perder tudo, sou humilde o suficiente para morar em um apartamento mais simples. Não estou brincando quando digo que literalmente poderia morar em uma caixa no Kansas. Eu acordaria, usaria meu carisma e minha capacidade de trabalhar duro para tomar banho de graça em algum lugar e começaria tudo de novo. Posso reduzir meu estilo de vida sem machucar meu ego, então não tenho medo de correr riscos calculados nos negócios. Minha humildade me mantém seguro em todos os momentos.

O que as pessoas vão dizer? Que não podem acreditar que caí tanto? Que eles sabiam que aconteceria? Que todos que acreditaram em mim se enganaram?

Se eu fosse forçado a morar em um apartamento de merda devido a uma situação financeira ruim, assumiria total responsabilidade. Obviamente, houve uma falha em meu sistema operacional que levou a um comportamento catastroficamente prejudicial e a uma série de erros. Com a humildade e o amor próprio que vêm com a autoconsciência, seria mais fácil assumir responsabilidades. Claro, eu nunca *quero* estar em uma situação difícil, mas ao mesmo tempo não tenho medo, porque sei como usar esses doze ingredientes e meio para reagir a cada cenário. A humildade ajuda a realçar o sabor de muitos dos outros ingredientes.

Quase todos que estão lendo isto podem encontrar maneiras de gastar menos dinheiro, mas não pensam assim. Rebaixar seu estilo de vida torna mais realista seguir sua paixão ou assumir um risco calculado em sua carreira. Você não tem muito a temer. Mas, para algumas pessoas que ganham US$248 mil por ano, a ideia de ganhar US$200 mil causa arrepios na espinha. Eles não estão dispostos a trocar seus carros, vender suas casas ou desistir das férias de luxo para viver um pouco mais humildemente. Você pode substituir esses números por US$80 mil e US$68 mil ou por US$40 mil e US$34 mil. A ideia é a mesma.

Se você está disposto a retroceder financeiramente a curto prazo, não precisa temer perder seu emprego ou fechar seus negócios depois de três anos. De repente, dar o salto para administrar seu pequeno canal no YouTube em tempo integral não é mais tão assustador. Você não se intimidou quando seus colegas o desprezaram por ter deixado seu emprego como executivo para construir um vlog em torno de sua paixão por cerveja de raiz.

Quando você tem uma visão justa e modesta de si mesmo, tem uma vantagem significativa sobre os outros, porque está disposto a fazer o que eles não fazem. Aqueles que procuram construir sua marca precisam de humildade para postar um vídeo seu na internet pela primeira vez.

A humildade o impede de pensar demais sobre os aspectos da criação de conteúdo que desaceleram a maioria das pessoas: *minha foto está bonita o suficiente? O que os outros vão pensar dessas cores?*

Você também pode mudar de ideia com mais facilidade ao se deparar com novos dados. Por exemplo, gerentes e líderes tendem a demorar muito para demitir funcionários ruins porque têm mais orgulho em serem "bons em contratações" do que em administrar um bom negócio. Se você for humilde, pode admitir que julgou mal o candidato.

Por causa da minha humildade, não sinto necessidade de ser consistente com as decisões que tomei. Posso mudar minha opinião em dois segundos, e faço isso sempre. Estou muito entusiasmado com meus projetos de NFT no momento, mas, se coisas mais importantes surgirem, não hesitarei em dar menos prioridade para eles.

Minha definição de *humildade* seria "um conforto na própria compreensão de nossa posição no mundo". Acho que é mais preciso. Foda-se, Dicionário Oxford. ;)

AMBIÇÃO

Um forte desejo de fazer ou
de alcançar algo, normalmente exigindo
determinação e trabalho duro.[1]

Você sabe o que aconteceria em onze anos se Sally Thompson comprasse os Jets em vez de mim?

Eu seria alvo de zombaria do mundo inteiro. Você pode imaginar como seriam as postagens nas redes sociais? Eu estaria completamente desmoralizado.

Eu me coloquei em uma posição em que, se não realizar esse feito altamente improvável, serei considerado um fracasso por toda a galera. Mesmo se eu ganhar US$2 bilhões. Mesmo que eu me torne um dos empresários mais realizados. Se eu não comprar os Jets, o mundo dirá que eu perdi.

Estranhamente, isso me anima. Porque uma de duas coisas acontecerá: vou comprar os Jets e criar uma das histórias de vida mais inspiradoras de todos os tempos. Ou não o farei, o que me daria a oportunidade de ensinar lições importantes ao mundo por meio de minhas ações — já que você deve fazer isso pela jornada, não pelo destino.

Não importa qual seja o resultado, eu já venci. Definir a meta de comprar os Jets me dá a oportunidade de construir e desenvolver negócios durante minha vida toda, e é isso que me traz alegria. É muito divertido criar estratégias e colocar todas as peças juntas; é como um grande quebra-cabeça que tenho que resolver.

Minha missão de trinta anos é comprar grandes marcas quando o preço estiver baixo, cultivá-las, vendê-las por bilhões e comprar os Jets. Criei a VaynerMedia como um passo estratégico nessa direção. Nosso trabalho com as marcas da Fortune 500 me ajuda a aprender como elas funcionam. Eu precisava construir essa base para poder usar os recursos da VaynerMedia a fim de fazer crescer as marcas que eu adquirir no futuro. Também poderia ajudar a começar novas marcas, algo que nem sequer visualizo agora, mas ter a infraestrutura da VaynerMedia me permite ampliar as oportunidades do futuro.

As pessoas tendem a ter uma relação doentia com a ambição, em parte porque a usam como um disfarce para suas inseguranças. Alguns indivíduos definem metas para construir negócios de sucesso ou garantir posições de prestígio em organizações para que possam provar algo para seus pais, seus entes queridos ou seus amigos da faculdade que duvidaram deles. Suas ambições são grandes, mas sua motivação se baseia mais na insegurança do que na curiosidade ou na autoconsciência.

É por isso que as pessoas estabelecem um limite de tempo para atingir seus objetivos. Nunca fiquei desesperado para comprar os Jets por volta dos meus 30 ou 40 anos. Estive sempre trabalhando nisso por mim mesmo, mais ninguém. Ficarei emocionado se chegar lá na casa dos 60, 70 ou mais.

Os Ingredientes Emocionais 65

Assim como eu não conseguia separar a sinceridade da negatividade no passado, e assim como alguns não conseguem separar a perseverança do esgotamento, outros não conseguem separar ser ambicioso de ser má pessoa. Eles veem líderes embriagados de ambição destruírem tudo em seu caminho na busca por seus objetivos. É o que estou tentando mudar com este livro. Vencer a todo custo tem consequências.

A vida é uma alegria quando você tem um bom relacionamento com as suas ambições. Acordo todas as manhãs e persigo meu sonho, mas não estou tão ansioso para realizá-lo. É uma bela mistura de convicção e humildade. Acredito totalmente que vou realizá-lo, mas não *preciso* realizá-lo. A ambição é como uma "cenoura" saudável.

Pergunte a si mesmo o que deseja alcançar e, mais importante, por que deseja alcançá-lo. Você está dizendo a todos que terá um time esportivo porque deseja o respeito e a admiração deles? Você realmente quer apenas um emprego confortável das 7h às 17h e 3 férias por ano? Você realmente quer lidar com as dores de cabeça que surgem por ser um CEO? Você deseja apenas tirar proveito daquele título no Instagram e no LinkedIn?

No outro extremo, você *tem medo* de contar aos outros sobre sua ambição porque teme que eles pensem que você está se iludindo?

Adoro falar sobre minha ambição publicamente, na frente do mundo, porque isso me responsabiliza. Fazer isso também dá ao mundo inteiro permissão para rir de mim se eu fracassar.

Mas é aqui que todos os ingredientes se combinam. Em última análise, não estou fazendo isso por ninguém além de mim.

PARTE II

A Vida Real: Cenários

Fico fascinado em saber como um bife, peixe ou salada ficam inteiramente à mercê dos ingredientes usados para prepará-los. Uma salada pode ter um sabor muito diferente dependendo do tipo de molho ou da mistura de temperos. Não usar sal suficiente pode tornar o sabor dos alimentos desinteressante, mas muito pode sobrepujar os outros sabores.

Da mesma forma, os ingredientes da Parte I são eficazes apenas quando são usados nas misturas apropriadas. O que você está prestes a ler é minha perspectiva sobre como manuseá-los em diversas combinações para responder a vários cenários da vida real, como:

▶ Negociar um aumento.

▶ Fazer seu chefe reconhecer seus esforços.

▶ Ver seu colega conseguir uma promoção em vez de você.

▶ Confrontar um parceiro de negócios que o roubou.

▶ Expressar preocupações de saúde mental no trabalho.

▶ Melhorar o entusiasmo, a motivação e o desempenho geral de sua equipe.

▶ Ser remanejado para uma posição de gestão inesperadamente.

▶ Ficar na vanguarda com atuais inovações.

▶ Decidir se vai ficar em um emprego ou ir atrás de outra oportunidade em tempo integral.

DOZE E MEIO

E mais. Alguns desses cenários foram inspirados por textos da minha comunidade de mensagens (envie uma mensagem para 212-931-731 para se inscrever)*. Outros foram inspirados por comentários nas redes sociais, conversas na vida real ou perguntas que recebo nas palestras.

À medida que você for lendo como eu usaria os doze ingredientes e meio nos cenários a seguir, não quero que acate cegamente minha linha de pensamento. Ao ler minha concepção, quero que você desenvolva sua própria maneira de usar esses ingredientes nas combinações certas para você e para os cenários de sua vida.

Cenário 1: **Você e seu colega de trabalho Brandon começaram a trabalhar na empresa na mesma época. Você acredita que ambos são muito semelhantes no que diz respeito ao conjunto de habilidades, personalidade e motivação. Das dez pessoas em sua equipe, os dois são os melhores. No entanto, aquela tão sonhada promoção vai para Brandon, não para você. O que você faria?**

O primeiro ingrediente que me veio à mente foi a bondade. Eu realmente acredito que, caso você comece sua reação sendo feliz por seu colega de trabalho, se sentirá mais leve por dentro. Ao se sentir assim, a conversa que precisa acontecer a seguir se torna mais fácil. Para obter um feedback honesto, você pode marcar uma reunião com o tomador de decisões (ou seja, seu gerente) e dizer o seguinte:

---

* N.E.: O código 212 corresponde à cidade de Nova York. O acesso, a partir do Brasil, é de acordo com a sistemática vigente para DDI.

Em primeiro lugar, Brandon é incrível, e estou muito feliz com sua promoção. Respeito a decisão que você tomou, mas gostaria que me esclarecesse como chegou a essa conclusão. O que o fez escolher Brandon?

Independentemente de qual seja a resposta, lembre-se de que não é uma afirmação definitiva a seu respeito. É a opinião subjetiva de uma pessoa quando uma escolha teve que ser feita. Não é um sinal de demérito ou um julgamento final sobre suas capacidades. Gerentes tomam decisões com base no que ele ou ela é capaz de "ver".

Em minha equipe pessoal, cabe a Andy Krainak (que a comanda) ou a mim a decisão sobre quem é bom ou não. Embora eu esteja sempre observando o desempenho dos membros da equipe e seja altamente intuitivo, ainda desconheço uma grande quantidade de dados sobre meus funcionários. Não tenho 100% de contexto sobre o que está acontecendo. Nenhum gerente ou líder tem. Não se sinta mal consigo mesmo só porque uma ou duas pessoas, subjetivamente, decidiram que Brandon é melhor do que você no trabalho.

Tendo isso em mente, o que você *não* quer fazer é entrar na conversa atirando para todos os lados. Qualquer pessoa que comece a reunião com raiva ou agressividade, em vez de com sinceridade gentil, já estabeleceu as bases para um resultado desfavorável. Torna-se um evento que é muito mais prejudicial para a carreira desta do que quaisquer feitos que passaram despercebidos. Se você vier descontrolado, acabará antes de começar.

Enquanto lê esses cenários e minhas reações sugeridas, você pode estar pensando que elas são nobres, mas difíceis de executar. Em outras palavras, "é mais fácil falar do que fazer". Se for seu caso, é preciso entender que você é um ser humano influenciável. Tenho empatia por isso; todos nós temos desafios para desenvolver esses ingredientes. Para alguns, é mais difícil do que para outros. Há pessoas que amo que achariam impossível fazer quase tudo que estou sugerindo neste livro. Significa apenas que sua capacidade emocional não é forte o suficiente para lidar com os desafios no contato inicial. Essa fraqueza vem de um milhão de coisas diferentes, incluindo natureza e criação.

Se as atitudes ao cenário a seguir não parecerem naturais para você, implemente a autoconsciência e dê um grande passo para trás. Se for preciso, coloque o livro de lado, acenda uma vela e pense. Pergunte a si mesmo se acha que este livro pode ter algum valor. Será essa a maneira de descobrir algo que o está puxando para trás nos negócios, ou mesmo na vida? Por que você escolheu este livro, afinal de contas? Ao passar pela Parte II, talvez perceba que fazer terapia é a melhor resposta para você. Ou talvez seja ter uma conversa com sinceridade gentil com um pai ou alguém em sua vida que criou uma infraestrutura para a insegurança. Ou talvez seja implementar mais responsabilização: apontar o dedo para si mesmo em vez de apontar para os outros.

A Vida Real: Cenários   73

———

Cenário 2: **Sua gerente, Olivia, diz que precisa ver mais proatividade de sua parte. Você está surpreso porque, de sua perspectiva, tem feito um esforço extra para apresentar ideias a fim de melhorar o desempenho e a produção da equipe. E tem compartilhado essas ideias com outros membros da equipe de forma consistente. O que você faria?**

———

Quando seu gerente ou seu cliente lhe dá um feedback negativo e inesperado, a forma como você fala as seguintes palavras determina o que acontecerá a seguir:

Ei, Olivia, pode esclarecer melhor seu feedback?

Quero que você leia essa linha em voz alta sete vezes.

Leia como alguém que está pessimista sobre conseguir outro emprego. Leia como alguém que está ressentido ou com raiva. Leia como um funcionário autocentrado que menospreza as habilidades do gerente. Leia como um grande gastador preocupado com os pagamentos de um carro de luxo.

Em seguida, leia como alguém otimista sobre o futuro. Leia como alguém que é humilde, curioso e deseja aprender mais. Leia como alguém que não costuma culpar outras pessoas.

Percebeu como essas mesmas palavras soam diferente? Os ingredientes emocionais que você implementa nessa situação podem mudar seu tom de questionamento e, potencialmente, o resultado da reunião.

Muitos funcionários nessa situação iriam partir para a suposição de que Olivia está sentada em sua torre de marfim, sem noção do que realmente está acontecendo com sua equipe. Quer isso seja verdade ou não, começar com essa hipótese significa que você reagirá mal ao feedback crítico. Você não está se preparando para uma discussão produtiva. A verdade é que você não sabe o que está acontecendo na cabeça de Olivia. Não sabe o que está acontecendo na casa dela. Não tem um contexto completo sobre o que está se passando nos bastidores.

Em vez disso, você pode começar com empatia e curiosidade. A empatia e a curiosidade dão a você a chance de ouvir o que o gerente tem a dizer antes de tomar uma decisão sobre o que fazer a seguir. Dá o tom para um cara a cara mais promissor.

Quando você está recebendo feedback positivo ou negativo, deve implementar sua convicção e ter em mente que ele é subjetivo. Você está à mercê da opinião de outro ser humano a seu respeito no ambiente de tal trabalho. Uma das razões pelas quais sempre adorei ser empreendedor é que os resultados do negócio julgam se sou bem-sucedido ou não — e não um ser humano.

Contudo, muitas vezes temos que lidar com um feedback subjetivo. Por exemplo, se vê isso nas lutas de boxe quando não há nocaute. Assim como nas Olimpíadas e até mesmo no sistema escolar, no qual um punhado de "juízes" pode ditar o resultado.

O feedback de um gerente ou colega costuma ser abstrato. É a opinião de alguém sobre seu trabalho e, embora possa ser sustentada por dados, não necessariamente fornece todo o contexto.

Quando você pensa sobre isso, essa compreensão é realmente libertadora. Muitos funcionários que recebem feedback crítico no trabalho acabam indo para casa e secando uma garrafa de uísque, fumando um baseado ou lidando com isso de outra forma — tudo porque uma pessoa disse: "Você não é bom no que faz."

Isso não significa que você deve ignorar o feedback, mas, ao perceber que é apenas uma opinião, pode colocá-la na circunstância adequada. Não é uma marca definitiva em seu nível de talento, de forma alguma.

Tal como, se uma pessoa me dissesse que sou ruim no tênis, e por acaso ela fosse meu querido amigo Ryan Harwood, claramente muito melhor no tênis do que eu, então faria sentido para mim. Isso é fácil de entender.

O cenário de que estamos falando aqui não é tão simples assim.

Se você vê Olivia como sua mentora e ela lhe diz que não está sendo proativo o suficiente, você pode fazer ajustes com otimismo. Porém, se você não a vê como uma mentora — se acha que ela é motivada por insegurança, ego ou más intenções —, pode levar essa condição em consideração ao ouvir o feedback dela.

Por exemplo, ela está lhe dando feedback negativo exatamente antes de um ciclo de aumento salarial? É porque Olivia, secretamente, não quer que você ganhe mais dinheiro? Ela poderia estar se sentindo ansiosa um dia porque recebeu um telefonema maldoso do irmão dela e agora está reagindo exageradamente a um pequeno erro que você cometeu? Ou, pior ainda, Olivia está lidando com um sério problema de saúde que mudou seu comportamento recentemente? Ela manipula o processo de captura de valor de seus funcionários porque sabe que há centenas de outras pessoas dispostas a ocupar seus lugares?

Lembre-se, ser otimista não significa ser ingênuo.

Começando com empatia e curiosidade, você pode obter um feedback mais claro. Então, a responsabilização e a convicção podem ajudá-lo a decidir o que fazer a seguir.

Eu quero que as pessoas reflitam mais. Alguns leitores agora estarão prontos para largar um emprego que odeiam. Outros estão descobrindo inseguranças profundas, mas, depois de tê-las confrontado, estarão prestes a começar a ser promovidos por sete anos consecutivos.

»»»

Questão complementar do Cenário 2:

"Do ponto de vista do gerente, o que Olivia pode fazer para obter o melhor desempenho do funcionário?"

»»»

Implementar gratidão.

Como CEO, sou muito grato por meus funcionários escolherem trabalhar para mim. As pessoas têm opções, especialmente no mundo de hoje, onde o trabalho remoto se tornou mais aceitável após o ano de 2020. Fico genuinamente lisonjeado quando um novo contratado se junta à minha organização.

As pessoas falam sobre como os funcionários deveriam ser gratos por terem um emprego, mas também é verdade que as empresas deveriam ser gratas por terem funcionários. Quando as empresas se sentem falsamente legitimadas, criam uma atmosfera transacional que não dá às pessoas um motivo para ficar ou fazer seu melhor trabalho.

Cenário 3: **Você é o fundador de uma empresa de kelp noodle [macarrão de alga marinha] que vende direto para o consumidor. Embora acredite que o kelp noodle seja uma tendência popular e uma alternativa saudável ao espaguete, você obteve pouquíssimo resultado até agora. Você trabalhou por sete anos, gastou seu próprio dinheiro no negócio (dinheiro que economizou no emprego anterior), mas não conseguiu levantar nenhum capital externo. Você tem US$13 mil no banco depois de começar com US$216 mil. O que você faria?**

É com esse cenário que os novos empreendedores se preocupam. E se você passar anos tentando abrir um novo negócio, mas acordar no dia 19 de abril angustiado e quase falido?

Esse é o momento em que você se deita na cama murmurando: "Como diabos cheguei aqui? Eu tinha US$216 mil no banco. Estava bem. Meu trabalho era bom, eu tinha tempo para meus amigos e estava seis quilos mais magro. O que eu fiz? Quem pensei que eu fosse? Por que tive que abrir esta empresa?"

É o início de um caminho sombrio. As pessoas, então, começam a se agredir e a afundar sob o peso de decisões passadas.

Pior ainda, passam a culpar os outros, o que torna o problema significativamente pior. "Por que GaryVee teve que me dizer para ser um empresário? Todas essas merdas de pessoas no Instagram... Por que meu pai me pressionou para fazer isso? Por que minha mãe não me deteve desta vez?"

As pessoas rapidamente apontam o dedo. Mas, se você está neste cenário, indicar o polegar de volta para si mesmo é o que o manterá positivo naquela manhã de 19 de abril:

Eu realmente queria ver se poderia fazer isso. Em última análise, foi minha decisão. Estou ficando sem dinheiro agora, mas estou grato por ter tentado.

Quando você tiver 83 anos de idade, ficará em êxtase com os 7 anos que passou construindo esse negócio. Você claramente largou seu trabalho diário por um motivo. Se você tivesse ficado e recebido aquele pagamento, poderia ter mais dinheiro, mas seria esmagado pelo "e se".

O "e se" é veneno. É uma fonte de arrependimento e dor emocional na velhice. Assim que você acordar e começar a trilhar um caminho ruim, fale consigo mesmo rápido:

Não, não é culpa de ninguém eu estar com meus últimos US$13 mil dos US$216 mil. Sou grato. Estou feliz por ter feito isso, porque não vou sentir arrependimento na minha velhice.

As pessoas sempre debatem sobre qual é a decisão "certa" em uma situação como essa. Você deveria calçar as sandálias da humildade e voltar ao seu trabalho diário? Ou deveria manter sua convicção e continuar tentando até que suas economias cheguem a US$0? Vamos refletir juntos.

OPÇÃO 1: Você decide voltar a seu trabalho diário na advocacia, um campo que não o entusiasma.

OK, então você deseja acumular mais algumas economias.

Quando você voltar para o escritório, terá que implementar uma dose imensa de humildade. Terá que falar com aquele amigo do trabalho que fez um comentário sarcástico de que seu negócio iria à falência. Você terá que admitir que seu amigo estava certo. Sua mãe pode nunca ter dito isso, mas você sabe que ela também nunca concordou com a ideia. E terá que falar com ela também.

Vamos tornar a Opção 1 ainda mais difícil: dezenove meses após você voltar ao seu trabalho diário, os kelp noodles se popularizaram depois que alguns influencers famosos do YouTube fizeram vídeos sobre eles, e foi publicado um importante relatório de saúde chamando a atenção

A Vida Real: Cenários 79

do país. De repente, seu concorrente número três, que estava ficando para trás, acaba dominando a participação de mercado. Você vê a Kraft Foods comprar a empresa de seu concorrente por US$200 milhões.

Se você escolher a Opção 1 e isso acontecer, precisará de humildade e gratidão para se proteger contra a inércia e a autocrítica. Você precisava dar uma chance àquela oportunidade. Mesmo que não tenha dado certo, você tentou por sete anos, muito mais do que a maioria das pessoas consegue.

Alternativamente, a Opção 1 pode funcionar da maneira oposta. Os kelp noodles podem nunca se tornar populares. Seus concorrentes também podem falir. Você pode voltar ao emprego no escritório de advocacia, aumentar suas economias e encontrar um novo amigo de longa data na empresa. Talvez seu amigo o convide para um evento no qual você conheça seu futuro cônjuge ou um pai ou mãe cujo filho se torne o melhor amigo de seu filho.

O sucesso nos negócios é apenas uma parte da vida. E se a empresa de kelp noodle fracassou, mas sua vida pessoal realmente melhorou?

Você não pode prever os eventos que proporcionam o melhor resultado geral na vida. É por isso que adoro me inclinar para o otimismo. Mesmo que eu tenha perdido uma grande oportunidade de investimento, quem sabe o que teria acontecido se tivesse conseguido? E se ter essa oportunidade significasse que eu teria que voar pelo mundo para uma conferência e, no caminho, meu avião caísse e eu morresse? E se eu tiver realmente evitado uma catástrofe porque perdi um acordo?

Em janeiro de 2020, todos nós recebemos a notícia devastadora de que Kobe Bryant e outras oito pessoas morreram em um acidente de helicóptero. Se os lockdowns da COVID-19 tivessem começado em janeiro de 2020 em vez de março nos EUA, eles ainda estariam vivos hoje? Imagine, esse evento trágico poderia nunca ter acontecido.

DOZE E MEIO

É assim que penso. Não se sabe se um evento é "bom" ou "ruim" porque nunca se sabe qual é a alternativa. Sair de sua empresa pode ter lhe conduzido a algo incrível (como uma amizade para a vida toda) ou lhe ajudado a evitar algo horrível (como um acidente ou uma doença). Prefiro ver a vida pelas lentes do otimismo.

OPÇÃO 2: Você fica com a sua empresa de kelp noodles até que suas economias acabem completamente.

Chegar ao zero é um sentimento muito solitário. Inúmeras pessoas foram para Atlantic City ou Las Vegas com US$400, acabaram ficando com US$80, sonharam em transformar esses US$80 em US$400, perderam tudo e tiveram que pedir dinheiro emprestado a seus amigos para pegar um táxi.

Nesse cenário, os últimos US$13 mil de suas economias provavelmente escoarão pelo ralo.

Mas lhe pergunto: quando tiver 71 anos, você se sentirá melhor consigo mesmo por ter chegado a zero antes de voltar ao seu emprego no escritório de advocacia, ou se sentirá melhor por ter economizado aqueles US$13 mil?

Minimizar suas perdas é importante, mas limitar o arrependimento também. Mesmo que os kelp noodles nunca se tornem populares, seus concorrentes nunca tenham um crescimento explosivo e a Kraft Foods nunca faça uma aquisição de US$200 milhões, você pode se sentir orgulhoso aos 71 anos por haver tentado de corpo e alma.

Não existe uma decisão certa aqui, isso depende de seus próprios objetivos neste cenário, mas eis o que quero enfatizar:

Se você olhar para cada decisão que toma através das lentes do otimismo e incrementá-la sendo bondoso consigo mesmo, quase nunca haverá uma decisão errada. Se você olhar para isso com pessimismo, terá problemas em cada parecer. É por isso que estou sempre feliz no grande esquema das coisas.

»»»»

Questão complementar do Cenário 3:

"Meu instinto natural é ser pessimista em vez de otimista. Como faço para corrigir isso?"

»»»»

Andando com pessoas otimistas. Quanto mais tempo você passa com pessoas práticas e otimistas, mais muda sua configuração mental.

———

Cenário 4: **Você é mãe de dois filhos e era muito ambiciosa no início de sua carreira. Depois de ter filhos, você felizmente decidiu ser uma dona de casa. Um dia, aos 93 anos de uma vida longa e plena, sua avó falece. Você sempre a admirou e resolve abrir um negócio paralelo de geleia de mirtilo inspirada nas experiências que teve na infância com as receitas caseiras dela. O empreendimento cresceu exponencialmente no primeiro ano, mas você está tentando equilibrar isso com a criação de seus dois filhos, atualmente com 12 e 5 anos. O que você faria?**

———

DOZE E MEIO

A autoconsciência vem primeiro. Para onde você quer levar o negócio? Você quer vendê-lo? Trazer um sócio? Continuar crescendo até faturar milhões por ano?

Daí, então, você com certeza precisa ser gentil consigo mesma. Como dona de casa, você tem sido a CEO do lar. Agora que também é a CEO de uma empresa, a probabilidade de perder o controle é alta.

Você pode estar 7 minutos atrasada ao pegar seu filho de 5 anos no treino de futebol, quando normalmente é pontual. Pode ter tempo suficiente para inscrever seu filho de 5 anos em apenas uma matéria extracurricular, enquanto sua filha de 12 anos já fazia parte de 3. Você pode se sentir culpada porque não consegue ficar muito tempo ajudando sua filha de 12 anos com o dever de casa já que você tem que empacotar as remessas, e agora ela está tirando nota baixa em ciências pela primeira vez.

Você também será objeto do julgamento de outros pais, talvez até dos seus próprios. Sua mãe pode dizer que você precisa focar mais os seus filhos (os netos dela) e abandonar seu negócio. Talvez sua mãe tenha sacrificado suas aspirações empresariais para cuidar de você, e agora ela espera que você faça o mesmo por seus filhos.

Uma maneira de reagir é dizer: "*Vou* fechar este negócio de compotas. Voltarei a fazer isso quando as crianças terminarem a escola."

Se isso é realmente o que quer fazer e o que a faz feliz, então é uma decisão perfeitamente correta. No entanto, muitas mães nesse cenário fecham seus negócios por culpa. Com o tempo, elas desenvolverão algo muito pior: ressentimento.

O ressentimento aumenta quando você suprime sua própria felicidade pelo bem dos outros. Fechar sua empresa para que sua filha possa tirar uma nota alta em ciências pode levar a um ressentimento

A Vida Real: Cenários **83**

consciente ou subconsciente por ela ou pelas pessoas que a levaram a tomar essa decisão.

Em vez disso, considere olhar a situação por meio de lentes otimistas. Você não percebe que sua filha está observando cada movimento seu enquanto você administra seu negócio. Por meio de suas ações, você está inspirando uma jovem que um dia acreditará que pode se tornar presidente do país se quiser. Está lhe ensinando paciência e ambição. Outras mães podem julgar você por deixar sua filha ir mal em ciências, mas você a está preparando para vencer na vida.

É necessário ser gentil consigo mesma para evitar que julgamentos externos atinjam-na mentalmente. Perdas diárias acontecerão com frequência em tal cenário.

Aqui está outro desafio com o qual você pode lidar: sua filha de 12 anos lhe liga incessantemente em uma noite de sexta-feira, de uma festa do pijama. Ela quer voltar para casa porque algumas das outras garotas estão mexendo com ela e pressionando-a para beber álcool.

Você pensa: *"Que merda, estou empacotando todos os potes esta noite e preciso despachá-los amanhã para que os clientes recebam os pedidos a tempo para seus eventos."*

Mas é sua filha, então você para de empacotar e dirige até lá imediatamente. Quando volta para casa, ela quer sentar e conversar, e você quer estar ao lado dela. Aí, não termina de empacotar, em vez disso, despacha os pedidos de geleia de mirtilo na segunda-feira.

Na sexta-feira daquela semana, você recebe e-mails, ligações e mensagens nas redes sociais de clientes que desejam reembolso. Como você enviou as remessas com dois dias de atraso, alguns dos pedidos não chegaram a tempo para o evento.

Neste exemplo, você optou, e foi ótima, por apoiar sua filha em vez de apoiar seu negócio. Mas essa foi sua decisão. Não se deite na sexta à noite e comece a culpar seu marido por não ajudá-la a embalar as caixas. Não culpe nenhum de seus clientes por não apoiá-la, mesmo que alguns deles sejam bons amigos seus.

Quando as pessoas estão sofrendo por dentro, elas atacam e culpam os outros. Procuram desesperadamente um mecanismo de enfrentamento, que geralmente se resume em apontar o dedo.

Pode não parecer à primeira vista, mas a responsabilização é a cura. "Eu tomei aquela decisão."

Você também precisa de paciência. "Este é um dia ruim no grande esquema de um negócio de mais de cinquenta anos. Não quer dizer nada."

E convicção. "Ainda vou construir um dos maiores negócios de geleia de mirtilo de todos os tempos."

E, principalmente, gratidão. Dê um passo para trás e note que sua filha estava sendo intimidada e pressionada para beber. Aquela noite poderia ter terminado de forma terrível. Imagine se ela morresse de intoxicação por álcool e você descobrisse isso às 4h da manhã em um telefonema em pânico do pai da anfitriã da festa do pijama. Você poderia passar a noite de sexta-feira empacotando as caixas para que os pedidos fossem enviados no sábado. Mas a que custo?

Quando determinada perspectiva a assusta, você pode colocar seus problemas em contextos apropriados. Não é bom receber pedidos de reembolso de clientes após ter levado horas preparando sua geleia de mirtilo; contudo, como essa contrariedade se classifica em comparação com tudo o mais que poderia ter dado errado naquela noite?

Sei que nesses cenários usei alguns exemplos bastante agressivos do tipo "e se", como eu morrendo em um acidente de avião no caminho para uma conferência ou sua filha morrendo de intoxicação por álcool. Eles podem parecer muito extremos e improváveis, mas essas são coisas que realmente acontecem no mundo. Acho que a maioria de nós foca coisas que, no fim das contas, não importam, porque perdemos a circunstância de como somos sortudos quando esses eventos extremos não acontecem. Peço desculpas por ter sido agressivo até agora, mas continuarei sendo assim porque é a minha verdade.

DOZE E MEIO

»»»

Questão complementar do Cenário 4:

"É difícil sentir gratidão quando você está no calor do momento. Como você faz isso?"

»»»

Muitas pessoas interpretam mal a gratidão. Elas acham que você deve ser grato pelas coisas materiais — um bom carro, uma mansão, um relógio chique.

A gratidão é melhor quando se baseia na simplicidade. Sou grato porque as pessoas mais próximas a mim estão saudáveis e vivas. Naturalmente, estou feliz todos os dias. Tudo o que realmente me importa é isso. O resto é secundário.

»»»

Questão complementar do Cenário 4:

"Como um pai ou mãe que fica em casa pode superar o julgamento de outras pessoas ao iniciar um negócio?"

»»»

Uma mãe em tempo integral pode ouvir a seguinte declaração de sua própria mãe: "Eu tinha tantas ideias de negócios, mas não fui atrás porque queria ter tempo para você".

Há muito contexto faltando. Talvez sua mãe tivesse um cônjuge com uma alta renda, então não precisava trabalhar. Talvez sua mãe não tivesse grandes aspirações de negócios, não tivesse uma ânsia empresarial incontrolável.

A Vida Real: Cenários **87**

As pessoas que julgam você ou comparam sua situação com a delas não têm todo o enquadramento. Há um milhão de variáveis em jogo.

———

Cenário 5: **Você é aluno de uma das melhores escolas de negócios do mundo. Tem uma média alta nas matérias, dirige algumas organizações estudantis e está bem posicionado para obter ofertas de emprego lucrativas. A maioria dos colegas está fazendo entrevistas em bancos de investimento, firmas de consultoria de gestão ou empresas de tecnologia do Vale do Silício. Você acredita que também poderia conseguir esses empregos, mas, depois de abrir uma loja de comércio eletrônico no verão passado, ficou fascinado com a ideia de vender seus próprios moletons em tempo integral. Sua loja online está gerando atualmente apenas cerca de US\$5 mil por ano, e você tem US\$61 mil em dívidas de empréstimos estudantis. O que você faria?**

———

Se você vai dar esse salto no escuro, a primeira coisa que precisa entender é que o mundo lhe dirá "Não!". Você vai se sentir pressionado por seus pais e amigos, que podem estar agindo de boa fé. As pessoas olharão para os últimos 3, 5, 10 ou 13 anos de sua vida e dirão que você está "jogando tudo fora" — não maximizando o investimento em seu diploma.

O motivo pelo qual continuo falando sobre redefinir o sucesso é porque acho que estamos nos aproximando do início da era em que as pessoas realmente acreditam no que estou dizendo. Ou seja, é muito mais gratificante ganhar US\$130 mil por ano e ser feliz do que ganhar US\$470 mil por ano e ser infeliz.

Se você pretende arriscar e administrar seu negócio de moletons em tempo integral, precisará de uma grande dose de otimismo. Você teria que acreditar que daqui a treze anos atingirá uma relação dinheiro/felicidade melhor do que atingiria sendo vice-presidente sênior em um banco.

A partir daí, você precisará combinar perseverança com convicção para superar todas as vaias. É como tentar a sorte na última tentativa de fazer um gol e escapar da derrota no final do campeonato jogando em casa. Se você não conseguir, 80 mil pessoas vão vaiar você.

Você tem estômago para isso? Não há dúvida de que será vaiado se seguir esse caminho, mas a convicção junto com a perseverança podem levá-lo adiante.

Mas também precisará de paciência. Haverá vários anos empolgantes até que sua loja passe de US$5 mil por ano para uma posição na qual você não se sentirá ansioso ao fazer um empréstimo de US$61 mil. Digo empolgante porque sabia que entrar no negócio de minha família aos vinte e poucos anos não me permitiria acelerar tão rápido quanto meus outros amigos de vinte e poucos anos.

Eu precisava ter paciência, perseverança e convicção naquela época. Eu realmente gostaria de ter feito um vlog naquele período. Gostaria que todos pudessem ver todo o trabalho mundano que fiz ao acordar e ficar em uma loja de bebidas 15 horas por dia, todos os dias. Estava estocando produtos nas prateleiras, criando uma lista de e-mails, economizando dinheiro e trabalhando de verdade.

As pessoas pensam que dinheiro rápido é a resposta. Essa é a maior armadilha da vida. A liberdade vem tanto da riqueza extrema quanto da perspectiva extrema. A riqueza extrema é muitíssimo rara e, mesmo assim, muitos acham que esse destino é não menos que uma panaceia para tudo o que imaginavam. A perspectiva extrema é verdadeiramente libertadora.

Cenário 6: Você é um influenciador do mundo fitness que começou cedo a criar conteúdo para o Instagram. Você conseguiu atingir rapidamente 1 milhão de seguidores engajados e construir uma comunidade. Daí então começou um negócio de sucesso vendendo suplementos de proteína e roupas de ginástica. No entanto, entre 2015 e 2021, conforme a plataforma amadurecia, seu crescimento estagnou e as vendas diminuíram por seis anos consecutivos. Você ultrapassou 1 milhão de seguidores rapidamente, mas 6 anos depois tem apenas 1,7 milhão.

Durante o período de sete anos de 2015 a 2021, todos nós observamos as seguintes mudanças:

1. O crescimento explosivo de ouvintes de podcast.
2. O aumento da maturidade do espaço "direto ao consumidor".
3. O avanço em massa do marketing de influenciadores.
4. O surgimento de novas plataformas, como TikTok e Clubhouse.

Em 2015, uma pessoa com 1 milhão de seguidores no Instagram tinha uma das maiores formas de influência da sociedade moderna. Se você estivesse nessa posição, poderia facilmente alavancar esses seguidores para desenvolver novas conexões de negócios ou direcioná-los para seus diferentes canais para construí-las. Você poderia ter usado os seguidores para edificar um ecossistema no YouTube ou no TikTok. Você poderia ter conquistado seguidores no Clubhouse logo no início.

Isso soa como uma história de autocomplacência, e é por isso que a responsabilização e a humildade são os dois ingredientes importantes a serem implantados.

Se você tem ambição de crescer, terá que engolir o orgulho nessa situação. De 2015 a 2021, enquanto sua empresa estagnou, você provavelmente viu outras crescerem de 50 mil para 5,2 milhões de seguidores porque elas criaram estratégias com mais eficácia, executaram com mais consistência ou tiveram mais talento.

Se você foi gentil com os outros em seu caminho para a ascensão, então é aqui que o carma pode voltar para ajudá-lo. Quando as pessoas estão no auge, infelizmente tendem a ser rudes ou indiferentes com os outros. Mas, como diz o ditado, as pessoas que você encontra na subida são as mesmas que você vê na descida. Se aquele influenciador que construiu uma audiência de 50 mil a 5,2 milhões se lembrou da sua bondade no início, talvez essa amizade pudesse se transformar em uma parceria.

Responsabilização e humildade podem ajudar a limitar sua frustração, sua raiva e sua decepção. Se você está ciente de suas fraquezas e reconhece que não é tão especial assim, não ficará surpreso quando outros influenciadores começarem a superá-lo. Quando você aceita que tomou a decisão de não diversificar seus seguidores nas plataformas sociais, não há mais ninguém para culpar. Você tomou a decisão de ser unidimensional com o Instagram. Você está no controle e tem a oportunidade de mudar o curso de seu negócio de 2021 para 2027.

Nesse cenário, a responsabilização pode levar ao otimismo e à bondade para consigo mesmo. Claro, seu negócio declinou, mas você ainda conseguiu um feito incrível. Pouquíssimos influenciadores alcançam 1 milhão de seguidores no Instagram e constroem um negócio com base nisso. Você realizou mais do que a vasta maioria das pessoas na Terra.

Além disso, se você fez isso uma vez, poderá fazer novamente.

Às vezes, a plataforma perfeita para sua força criativa surge na hora certa. Talvez você seja uma modelo e lhe tenha sido natural posar de biquíni ou exibir seu abdômen de tanquinho. O Instagram era uma plataforma centrada no visual que indexava excessivamente modelos e especialistas em condicionamento físico porque eles podiam exibir seus corpos e resultados. Isso pode ter levado a seu rápido crescimento para 1 milhão de seguidores no Instagram. Mas o YouTube, o TikTok e o Clubhouse exigem um conjunto de habilidades técnicas em seu ofício. No condicionamento físico, isso pode significar compartilhar seu conhecimento sobre tópicos como fáscia, proteína ou suplementos de ômega-3.

Você ainda pode crescer nessas plataformas, mas é possível que uma estratégia de conteúdo diferente seja exigida. Você poderia implementar sua humildade e, mesmo tendo 37 anos, aprender sobre os aspectos técnicos de saúde e bem-estar para remodelar sua marca em 15 meses. Talvez você pudesse se reinventar como um guru do fitness B2B e cobrar das empresas US$10 mil por mês por um programa de coaching que todos os funcionários dele podem acessar.

Acima de tudo, você precisa se apoiar em sua autoconsciência e ambição. Presumi que esse cenário era uma história de autocomplacência, mas talvez fosse uma história de paixão. Talvez você tenha decidido passar os últimos três ou quatro anos construindo seu relacionamento e não se importou em gastar menos tempo no negócio. Talvez você tenha trabalhado muito duro nos primeiros dias para aumentar sua conta social para 1 milhão de seguidores e tenha lutado para encontrar o equilíbrio. Talvez você estivesse obcecado demais em comprar uma Mercedes-Benz, uma segunda casa ou uma bolsa Gucci, o que o tornava vulnerável ao esgotamento.

Na verdade, eu diria que muitas pessoas são mais felizes com um negócio sustentável de crescimento lento. Isso pode criar um equilíbrio mais harmonioso entre as vidas profissional e pessoal, caso você possa manter o tamanho da empresa enquanto vive sua vida. Você pode ficar mais feliz aceitando seu estilo de vida atual, sem aspirar a uma casa maior no alto da colina.

No entanto, você pode não perceber isso se não estiver se sentido pleno, mental ou emocionalmente. Você vê outras empresas crescendo e sente que está ficando para trás em relação ao que deveria ter alcançado na sua idade. É aí que entram a humildade e a autoconsciência. Você não quer o que outras pessoas querem. Então, por que você se importa com o que elas têm?

Dê um grande passo para trás e pense sobre o que retardou seu crescimento. Você foi mal em uma jogada de xadrez em algum momento? Ou foi algo fora de seu controle por um motivo pessoal? De qualquer maneira, está tudo bem.

Se for sua culpa, ótimo. Você pode se responsabilizar, ser otimista e bom consigo mesmo. Você pode rearticular e reinventar seu negócio.

Se está fora do seu controle, ótimo. Você ainda pode focar a bondade em si mesmo. Você teve que desacelerar por um motivo pessoal. Não dê ouvidos a outros influenciadores "bem-sucedidos" ou personalidades que o julgam por isso. Eles não têm todo o contexto e têm ambições diferentes das suas. Não importa qual seja o motivo, não há solução que envolva atacar a si mesmo.

»»»

Questão complementar do Cenário 6:

**"Como você deixa de ser um modelo de condicio-
namento físico do Instagram para se tornar um
empresário?"**

»»»

Essa é uma transição desafiadora para muitos por um motivo óbvio:
é difícil deixar de ser um cavalo para ser um pinguim.

Não há nada de semelhante neles. Eles são ridiculamente diferentes.
Alguns influenciadores que começam como personalidades ou modelos acabam se tornando grandes empresários. Outros não são tão bons
nisso. Chegar a tanto requer um nível de talento e paixão que muitos
influenciadores não têm, mas, como o empreendedorismo tem sido tão
glorificado, todo influenciador deseja ser um CEO ou diretor.

Se você está tendo dificuldades com os negócios, pode precisar de
humildade para dizer: "Ei, eu me dei bem como um modelo de condicionamento físico no Instagram, mas realmente não tenho paixão por
publicidade ou operações. Preciso de um parceiro de negócios."

Se puder desenvolver autoconsciência, humildade e otimismo, poderá
encontrar um parceiro, a quem pode dar de 5% a 49% de participação
na empresa. Autoconsciência e humildade podem levá-lo a tomar essa
decisão, enquanto o otimismo o ajuda a confiar naquela pessoa após
avaliá-la.

Você ficará muito mais feliz porque não terá mais que trabalhar
em planilhas do Excel ou construir uma infraestrutura para a logística

de remessas. Seu parceiro pode cuidar dessas coisas, e você pode ser apenas uma personalidade, posando para fotos e publicando conteúdo.

Além disso, possuir 50% de uma empresa com receita de US$2 milhões por ano é melhor do que possuir 100% de uma empresa que está faturando US$300 mil e está em declínio.

Cenário 7: **Sua esposa conheceu uma mulher em um novo grupo de mães que acabou se tornando sua melhor amiga. A amiga convida sua esposa e você para um encontro de casais. Você não saiu muitas vezes desde que o bebê nasceu, então está animado para sair de casa. Todavia, está um pouco nervoso porque nunca viu esse casal antes. Quando você se senta para jantar, a amiga de sua esposa e seu marido começam a falar sobre NFTs. Você não tem ideia do que se trata. O que você faria?**

Pergunte! Incline-se para a humildade. Não os rejeite como um casal nerd falando sobre algo estranho ou presuma que os NFTs são uma fraude porque você não os entende. Mesmo se não estiver interessado, seja gentil ouvindo e não mudando de assunto. Não exagere em suas crenças prematuras.

Curiosidade é o maior desbloqueio para você nessa situação. Você poderia ir para casa e acessar a Wikipedia e o Google e fazer um verdadeiro dever de casa sobre isso. Muitas pessoas ouviram amigos, colegas ou conhecidos falando sobre algo novo que poderia ter sido o maior avanço em sua vida profissional, mas o ego os impediu de gastar dez ou vinte horas para se educar um pouco mais. No mundo de hoje, o Google sozinho pode levar você longe.

Foi exatamente isso o que fiz com os NFTs. Assisti a um monte de vídeos do YouTube e segui um punhado de pessoas no Twitter, e sabia o suficiente para ser perigoso em uma semana. Esse conhecimento será a base para alguns grandes projetos de NFT.

Isso é curiosidade.

Se você voltar para casa depois do jantar e pesquisar NFTs no Google, assistir a cinquenta vídeos no YouTube e seguir cinquenta pessoas no Twitter, pode estar prestes a mudar sua vida em uma ou duas semanas. Eu fiz isso. Só para constar, fui aquela pessoa no jantar falando sobre algo novo muitas vezes:

Cartões de esportes. Dispensados por amigos e conhecidos.

Startups. Dispensadas por amigos e conhecidos.

A internet. Dispensada por amigos e conhecidos.

Todos eles olharam para mim mais tarde com admiração, porém, mais importante, arrependidos.

Curiosidade é um ingrediente raro, mas talvez o mais poderoso de todos eles quando implementado com uma dose de humildade aqui e ali. Eis como isso se parece:

Tenha a humildade inicial de permanecer curioso e não desviar a conversa quando ouvir algo que não conhece. Então, seja curioso o suficiente para aprender mais. Adicione um pouco mais de humildade para dedicar mais de vinte horas de aprendizado, não dois minutos.

Uma das coisas que mais me irrita são as pessoas que dizem "não tenho tempo" quando peço que tentem algo novo. Descobri que as pessoas que afirmam que "seu tempo é valioso", na verdade têm o tempo menos valioso. Sinto-me humilde, mesmo com altos níveis de sucesso, com o quanto mais posso fazer com meu tempo, mesmo sendo um recurso finito. A inovação é baseada na curiosidade.

Além de curiosidade e de humildade, aplique paciência e convicção. As inovações levam tempo. Estava aprendendo sobre NFTs em 2021, mas não espero que essa categoria realmente se materialize em menos de uma década.

———

Cenário 8: **A alta administração da sua empresa percebeu sua perseverança e seu potencial, então o promoveram a uma posição gerencial em que você deve liderar uma pequena equipe. Um de seus novos funcionários, George, começou a trabalhar na empresa antes de você e é mais de quinze anos mais velho. Pelas suas interações iniciais, você pode dizer que George não confia em sua habilidade como gerente e acredita ser melhor em tomar decisões do que você. O que você faria?**

———

Os gerentes novos normalmente lidam com essa situação saindo com os amigos, estourando garrafas de champanhe, celebrando a promoção e zombando de George pelas costas. Me machuca. Na verdade, estou ficando um pouco emotivo enquanto penso nisso agora.

Se eu estivesse nessa nova posição gerencial, a primeira pessoa em quem pensaria seria em George. Deve ser muito difícil para ele ver um funcionário mais novo ser promovido. Como ele está se sentindo? Quais são suas ambições? Como posso colocá-lo do meu lado?

Eu seria capaz de liderar George facilmente porque implementaria empatia, bondade e humildade. Não tentaria provar para ele, meu chefe ou meus outros membros da equipe que ele está errado por duvidar de mim. É isso que muitas pessoas fazem nessa situação. Suas inseguranças vêm à tona diante da dúvida e confrontam George em vez de usar esses ingredientes.

A Vida Real: Cenários   97

Seja por comunicação formal ou informal, eu gostaria de dizer ao George que estou do lado dele. A melhor forma de se comunicar depende do estilo de cada um. Você pode ser o tipo de pessoa que se senta com ele durante um café da manhã de duas horas para construir um relacionamento. Para mim, seria pela cordialidade de minhas atitudes.

Em minha primeira reunião de equipe como gerente, eu diria: "George está certo, pessoal. Não nos esqueçamos, ele está aqui há muito tempo e sua experiência é importante nesta equipe. Eu não estaria aqui hoje sem observar algumas das coisas sutis que George fez. Vou contar com ele em muitas áreas por sua especialização."

Se você disser coisas assim em uma reunião sem que George saiba delas antecipadamente, isso pode ter mais impacto do que qualquer reunião individual. George pode pensar que você está apenas "seguindo o protocolo" se apenas falar com ele a sós no café da manhã.

Enquanto conversava sobre isso com Raghav e David Rock (um cinegrafista de minha equipe), as reações deles foram bastante poderosas — eu poderia dizer por seus rostos que a conduta que descrevi acima atingiu um nervo. Acredito que a maioria dos livros escritos sobre gestão e liderança diria que a resposta certa é: "Sentar-se com George e abordar todas as questões com antecedência." Mas acho que o comportamento que acabei de colocar é mais realista.

Você pode ser o tipo de pessoa que prefere sentar-se cara a cara e conversar com George, o que é perfeitamente normal se esse for o seu estilo. Mas o que estou tentando dizer é que o negócio não é do tipo preto ou branco. Está mais para o cinza — é matizado.

Vamos deixar essa situação ainda mais difícil: digamos que o primeiro projeto que executei como novo gerente falhou terrivelmente, e George começou a sussurrar "Eu avisei" para todo mundo pelas minhas costas.

Isso me deixaria animado, não desanimado. Fiquei muito feliz que o Kansas City Chiefs venceu o Buffalo Bills para ir ao Super Bowl em 2021. Eles estavam perdendo por 9–0 no início do jogo. É um placar assustador para começar uma partida, mas Patrick Mahomes estava dizendo à equipe para se acalmar. Ele falava: "Vamos conseguir."

É assim que eu reagiria como gerente: 9–0? Que bom. 29–0? Que bom.

78–0? Que bom.

Por meio da autoconsciência, você desenvolverá um senso de onde se encontra na escala de insegurança e confiança. Se você é inseguro, é mais difícil se inclinar para a bondade em situações difíceis. Sem confiança, o peso de seus próprios problemas emocionais é demais para suportar, então você desaba e, para se erguer, zomba de George em vez de dedicar um tempo para ter empatia pela dor dele.

———

Cenário 9: **Você percebe que Sally, uma funcionária de sua equipe, tem grande potencial e talento, mas ainda não consegue ter um desempenho tão bom quanto os outros membros da equipe. Você está tentando dar o exemplo e mostrar a ela como fazer o trabalho corretamente, porém ela parece não entender. O que você faria?**

———

Primeiro, você precisa assumir a responsabilidade como gerente e perceber que está cometendo um erro. Fazer o trabalho para alguém quase nunca é a resposta certa. Fazer o trabalho para alguém sem essa pessoa estar envolvida nunca é a resposta certa. Nunca, em todos os tempos. Não gosto de usar a palavra *nunca*, mas é verdade. As pessoas não se desenvolvem quando é você quem faz todo o trabalho delas, especialmente se não forem incluídas no processo.

Minha mãe lavava todas as minhas roupas para mim quando eu era jovem. Quando fui para a faculdade e comecei a viver por conta própria, literalmente não entendi o que as pessoas estavam falando quando perguntaram: "Quando você vai pegar suas roupas?"

Eu nem sabia o que era um cesto. Estou falando sério. Eu nem sabia da existência de cestos porque, quando era criança, jogava todas as minhas roupas no chão e milagrosamente elas estavam limpas no dia seguinte. Além disso, minha família de imigrantes nunca gastaria dinheiro em um cesto. Minhas roupas limpas estavam sempre dobradas em uma cadeira.

Minha mãe é uma mulher incrível que trabalhou duro como uma mãe em tempo integral, sem ajuda e sem empregada a vida toda. Mas ainda assim não foi útil quanto a eu aprender a lavar minhas próprias roupas.

Quando você faz o trabalho de alguém sem a participação dele, essa pessoa não tem a chance de desenvolver seu conjunto de habilidades. No cenário acima, Sally nunca aprenderá a executar seus projetos sozinha. Além disso, o gerente ficará ressentido, o que pode fazer com que Sally seja demitida. Isso é o que os gerentes não percebem até que seja tarde demais.

Em vez de fazer o trabalho do funcionário, valha-se da autoconsciência para planejar como você poderia ensinar. Ensinar é como você capacita os outros a executar. É a maneira de expandir seu talento, para que você não tenha que fazer tudo sozinho.

Em primeiro lugar, você é mesmo um bom professor? Ou você está se enganando e pensando que é um bom professor porque seu avô ou tia eram?

Em seguida, dê um tempo e veja como você pode utilizar seus pontos fortes. Por exemplo, minhas empresas nunca tiveram sistemas de treinamento formal significativos. Prefiro ensinar por meio do que chamo de osmose. Em outras palavras, os funcionários desenvolvem suas habilidades ao longo do tempo por meio da minha energia e de trabalho em conjunto, o que ajuda minhas organizações a se moverem mais rápido. No entanto, no momento em que escrevo este livro, *estamos* elaborando recursos de treinamento interno na VaynerX e na VaynerMedia, porque temos mais de mil funcionários. Nesse tamanho, a natureza de fluxo livre da osmose nem sempre atinge toda a empresa.

Se você não for um bom professor, considere reunir-se com o RH ou seu gerente para contratarem um instrutor externo — um fornecedor, uma agência especializada ou uma pessoa específica.

Em seguida, vem a parte em que muitos líderes têm dificuldade em lidar: dar a Sally a liberdade de falhar. É aqui que você precisa implementar o otimismo. Ele leva à confiança, o que é fundamental quando você está treinando pessoas. Quando você faz Sally "ganhar sua confiança" em vez de dá-la logo, ela evoluirá mais devagar. Capacitar os membros da sua equipe para tomar decisões é como você escala.

Se acontecer de Sally falhar, implemente a responsabilização e a autoconsciência. Assuma a culpa e descubra seu estilo de dar feedback. Pessoalmente, gosto de fazer umas críticas divertidas e zoar as pessoas quando cometem erros. As pessoas riem, e o feedback ainda é passado sem soar muito duro. Se eu puder dizer pela reação do funcionário que isso não funcionou, então posso agendar uma conversa individual para esclarecer as coisas. Também tenho que ter certeza de que minha zoação não é um reflexo de um comportamento passivo-agressivo ou ressentimento que precise ser esclarecido com uma sinceridade gentil.

Talvez para o seu estilo, estabelecer uma conversa individual imediatamente seja mais autêntico, caso em que você pode dar feedback com uma sinceridade gentil (cada vez mais tenho me voltado para isso recentemente).

O otimismo é um dos maiores diferenciais entre gerentes que constroem equipes de sucesso e aqueles que não o fazem. Eu escutei algumas pessoas reclamarem constantemente de seus funcionários, mas, depois de passar quinze minutos com eles bebendo algo, é muito óbvio que suas inseguranças, medos e pontos de vista cínicos são, na verdade, os problemas centrais. Alguns gerentes acham que seus funcionários irão embora se forem treinados demais. Alguns temem as ramificações dos erros que seus funcionários cometerão inevitavelmente, por isso colocam pesadas restrições sobre o que podem ou não fazer. Alguns lideram com o ego e suprimem aqueles que estão abaixo deles para que seus funcionários não se tornem "muito" bem-sucedidos e vão embora. Alguns gerentes vão ainda mais longe e presumem que seus funcionários estão tentando roubá-los.

Como você pode desenvolver sua própria carreira como líder se está sempre microgerenciando e restringindo seus subordinados? Você também está limitando *seu* potencial.

Sempre tive funcionários deixando minha organização para começar empresas concorrentes ou trabalhar para outros concorrentes. Minhas empresas ainda crescem loucamente porque não tenho medo dessas saídas. Na verdade, incentivo ainda mais os funcionários que adoro — dou a eles mais influência em nosso relacionamento do que eu tenho.

Existem muitos proprietários e gerentes de empresas com dificuldade em escalar porque não sabem ensinar. Eles não podem ensinar porque não confiam. E não podem confiar porque são inerentemente cínicos e medrosos, em vez de otimistas. A falta de confiança leva os gerentes a fazerem a lição de casa dos funcionários por eles, e depois leva ao ressentimento e ao fracasso.

Em muitos dos cenários que apresento nesta seção, você notará que meu ponto de vista padrão é a abundância: as oportunidades estão por toda parte. Se Sally errar, você levar a culpa e for demitido, seja gentil consigo mesmo primeiro. Em seguida, volte-se para a convicção e a perseverança para encontrar outro emprego, que pode até pagar mais. Alguns colegas próximos a você podem ter visto como você confiava em Sally e assumiu a responsabilidade pelo erro dela. Eles vão se lembrar de você e podem ser parceiros de negócios no futuro.

Alguém está sempre observando. Desenvolver um bom carma é prático. Com esses doze ingredientes e meio em sua prateleira de temperos, você pode navegar em qualquer situação, o que significa que pode estar sempre na ofensiva. Você está no controle de como absorve a situação e responde a ela. Não há motivo para temer.

———

Cenário 10: **Um cliente lhe envia um e-mail, parecendo decepcionado com seu produto. Você cancela sua próxima reunião para poder pegar o telefone e falar com a pessoa. Aí descobre que o cliente na verdade não ficou nem um pouco insatisfeito, que você apenas interpretou mal o e-mail. Você está aliviado, mas isso está estragando seu dia. O que você faria?**

———

Algo semelhante aconteceu comigo outro dia.

Recebi uma mensagem de texto de algumas pessoas da equipe de criação da Vayner-Media dizendo: "Podemos conversar?"

Eles estão comigo há muito tempo, então senti que algo estava errado. Terminei uma reunião mais cedo, fui para o FaceTime com os dois na hora, e acabei me atrasando cinco minutos para a próxima reunião, que era bem importante.

A próxima reunião foi um pouco menos eficiente do que eu queria. Os detalhes da ligação do FaceTime orbitaram em minha mente pelas duas ou três horas seguintes, até que eu tivesse uma reunião com os membros da equipe para falar a respeito. Naquelas duas ou três horas, minhas reuniões não foram boas, porque eu estava mentalmente em outro lugar. A preocupação "jogou meu dia fora".

Em vez de uma reunião com essas duas pessoas, eu poderia ter marcado uma reunião na próxima semana ou na outra. Mas eu queria saber imediatamente e assumi a responsabilidade, sabendo que foi o que escolhi fazer. Nesse sentido, a responsabilidade foi uma porta de entrada para a aceitação. Como poderia ficar chateado se eu tomei a decisão que queria tomar?

Quando você escolhe um cliente ou funcionário em vez de você, nunca é uma má ideia.

Adicionar otimismo à mistura também pode ajudar. Mesmo que seu dia tenha sido jogado fora, é apenas um dia entre tantos. Você tem mais de trezentos dias em um ano e muitos anos em uma longa carreira. Não se julgue com base em um dia ruim, uma semana ruim ou mesmo um ano ruim.

»»»»

Questão complementar do Cenário 10:
"Existe uma maneira de manter o seu dia nos trilhos após um e-mail negativo inesperado? Como você evita que seu dia seja jogado fora?"

»»»»

Um dos motivos pelos quais não sou um grande fã de e-mail é que a palavra escrita pode ser mal interpretada. O tom é completamente perdido na forma escrita. Quando as pessoas leem e-mails, suas inseguranças, pessimismo ou otimismo podem turvar sua compreensão, e um mal-entendido pode atrapalhar o resto do dia. As pessoas leem o feedback escrito através do filtro de onde estão mentalmente e emocionalmente.

Ao longo deste livro, estou tentando ajudá-lo a se entender. Tenho autoconsciência o suficiente para saber que, quando um de meus funcionários me diz que algo está errado, não consigo me concentrar nas próximas reuniões. Quanto mais rápido eu puder resolver o problema, mais eficiente será o meu dia. Na verdade, foi mais prático para mim enfrentar aqueles dois funcionários imediatamente, em vez de esperar uma semana para ter uma reunião, embora isso tenha tornado minhas próximas reuniões menos produtivas.

Ainda era mais eficiente do que a alternativa.

_____

Cenário 11: **Você é um funcionário perseverante, ansioso para provar a si mesmo na organização e subir na hierarquia. No entanto, depois de alguns anos, você sente que quer reduzir suas horas de trabalho e tirar mais folgas. Você tem problemas para expressar suas preocupações com a saúde mental aos gerentes, porque "esgotamento" parece um assunto tabu e você pode ter que dar um passo para trás em sua carreira. Enquanto isso, sua produção está piorando cada vez mais. O que você faria?**

_____

Não importa quando você está lendo este livro, sua lembrança dos anos da COVID-19 é muito recente.

Essa situação surgia frequentemente, pois as pessoas estavam se adaptando a um ambiente de trabalho remoto. A videoconferência e outros processos de trabalho à distância criaram algumas eficiências notáveis e alguns funcionários tiveram dificuldades para se adaptar. Eles não podiam deixar o local de trabalho para tomar um café com um colega ou passar dezessete minutos extras perto do bebedouro conversando com um amigo.

Embora o teletrabalho tenha aumentado a produtividade de muitas organizações, ainda acho que aquelas conversas de dezessete minutos são importantes para a cultura e a camaradagem. Infelizmente, funcionários em todo o mundo perderam esse privilégio quando suas organizações se tornaram virtuais, e muitos lutaram para encontrar o equilíbrio enquanto trabalhavam em casa. As pessoas passaram a trabalhar muito mais do que antes, e algumas delas tinham filhos para cuidar ao mesmo tempo. Fadiga e esgotamento ocorreram com mais frequência.

Nesse cenário, eu implementaria duas características aparentemente opostas: paciência e ambição.

A ambição é uma bela característica, mas, como todos os outros ingredientes, é ineficaz quando está fora de equilíbrio. A paciência ajuda a balancear a ambição.

Quando você é um funcionário jovem e perseverante, é ambicioso por natureza. Cultivar a paciência junto com a ambição o ajuda a perceber que não precisa obter sua próxima grande promoção *este* ano. Você pode estar um ou dois anos mais velho quando passar para sua próxima função ou receber seu próximo aumento, e ainda terá uma carreira gratificante.

A paciência ajuda a aliviar a pressão. As pessoas colocam muita pressão sobre si mesmas para atingir cronogramas arbitrários. Elas acham que têm que estar em um determinado ponto em suas carreiras aos 22, 30, 40, 55 ou 65 anos de idade. Que tal ser feliz em vez disso?

Se você trabalha em uma empresa que o demoniza por dar um pequeno recuo depois de trabalhar duro por um ou dois anos, então você está trabalhando no lugar errado.

Por outro lado, se um funcionário ficar muito acomodado por um ano ou mais, isso pode criar problemas recorrentes o bastante para que o gerente precise fornecer feedback com sinceridade gentil. Contudo, se você ficar noivo aos 27 anos, após 2 anos se matando no trabalho, e agora precisa de um pouco mais de tempo livre para planejar seu casamento, isso não deveria ser desaprovado.

Eu gostaria que mais líderes olhassem para o quadro completo do desempenho de um funcionário em vez de perguntar: "O que você fez por mim ultimamente?" Em minha organização, as pessoas podem ter períodos de tempo em que trabalham incansavelmente e períodos de tempo em que são mais passivas. Quantas horas você dedica ao trabalho depende da serendipidade em que está trabalhando, do estágio em que está em sua carreira, do que está acontecendo em sua vida pessoal e de vários outros fatores. Os líderes precisam ser justos ao avaliar o desempenho de seus funcionários. Eles precisam revisá-lo no agregado.

Se você está vivendo esse cenário e tem medo de ser demitido ou repreendido por expressar suas preocupações a seu gerente, considere conseguir outro emprego. Se você é um indivíduo ambicioso e perseverante, é provável que seja capaz de criar mais opções para si mesmo. Você pode conseguir um emprego que pague mais, ou até mesmo um que pague menos, mas que lhe dê o equilíbrio entre as vidas profissional e pessoal que você procura.

Ao economizar dinheiro, você pode abrir ainda mais oportunidades. Muitos funcionários estão vivendo de salário em salário porque compraram um apartamento em DUMBO* ou no centro de São Fran-

---

* Acrônimo para Down Under Manhattan Bridge Overpass ["Embaixo do Viaduto da Ponte de Manhattan", em tradução livre], um bairro badalado no Brooklyn.

cisco com base em suas economias atuais e salário de US$237 mil por ano. Depois que eles se algemam, é mais difícil descer para, digamos, US$150 mil por ano e assumir menos responsabilidade por um papel mais interessante.

Fico triste que as pessoas escolham luxos falsos em vez da verdadeira ostentação, a felicidade. Vivendo com mais humildade, você pode dar um passo para trás financeiramente. Você poderia aceitar um emprego que pague US$8 mil a menos, mas que lhe proporcione mais tempo livre para ficar com a sua família. Você poderia se dar ao luxo de passar alguns meses ou anos construindo uma renda extra por fora, em vez de sempre se sentir cansado depois do trabalho.

Se uma empresa avalia seu desempenho e seu potencial com base inteiramente na sua última tentativa, trabalhe em outro lugar.

Cenário 12: **Você está trabalhando em uma equipe que está constantemente com falta de pessoal. Já conversou com seus gerentes sobre isso, e eles continuam dizendo que vão contratar mais funcionários, mas nenhum foi empregado nos últimos meses. Você está estressado em sua função e está pensando em pedir demissão e conseguir um emprego em outra empresa para ter mais equilíbrio entre as vidas pessoal e profissional. No entanto, você ama as pessoas com quem trabalha e não quer adicionar mais estresse e responsabilidade ao prato delas desistindo ou estabelecendo limites rígidos em seu tempo. O que você faria?**

Para muitos funcionários em situação de falta de pessoal, é tentador chegar à conclusão de que a administração realmente tem más intenções. A gestão *pode* estar inconsciente ou conscientemente se aproveitando de todos os funcionários para maximizar margens, ou pode ser um motivo diferente. Talvez eles simplesmente não tenham contratado as pessoas certas. Como CEO, aprendi ao longo dos anos que admitir pessoas rapidamente sem maiores ponderações muitas vezes prejudica ainda mais a equipe. A equipe de gerenciamento neste cenário pode estar trabalhando nos bastidores para encontrar as pessoas certas.

Talvez a administração esteja lidando com dores de cabeça que você não conhece. Talvez haja um processo de um ex-funcionário que os mantêm ocupados. Talvez duas pessoas em sua equipe estejam realmente com baixo desempenho e precisem ser treinadas antes que a equipe gerencial possa contratar mais pessoas. Talvez você até esteja protegendo esses dois funcionários de baixo desempenho porque eles são seus amigos e não quer que sejam demitidos, mas isso está gerando ineficiências.

É difícil para os funcionários ter empatia pelos gerentes em uma situação como essa, mas uma conversa empática pode revelar os problemas subjacentes. Você poderia agendar uma reunião com seu chefe e dizer algo como: "Ei, estamos com falta de pessoal e isso está afetando nossa equipe. Você e eu discutimos isso antes, mas sei que não tenho todo o contexto. Não sei tudo o que ocorre em seu mundo. Pode me ajudar a entender o que está acontecendo?

Cumprir essa linha com sinceridade gentil, curiosidade e empatia, em vez de frustração, pode levar a um avanço na conversa.

Dependendo de como for a reunião, você pode seguir uma das seguintes direções:

Você pode decidir que está apenas passando por uma fase difícil no trabalho. Assim como com seu irmão ou namorada, você pode ter treze meses difíceis porque começou uma briga. Trabalho não é família, mas alguns colegas na empresa acabam se tornando como uma, e você pode passar por três, seis ou doze meses ruins quando o ambiente não é o ideal. As pessoas geralmente não levam em consideração a possibilidade de que, se forem pacientes por sete meses, os problemas poderiam se resolver. Você poderia estar passando por uma parte irregular da estrada para chegar a um destino bonito.

Ou você tem a opção de desistir e conseguir outro emprego. É bom amar seus companheiros de equipe, mas você também deve ser responsável por si mesmo e por sua família.

A realidade é que, quando você reclama de alguma coisa, está dando a ela uma vantagem mental sobre você. Não é preferível assumir a responsabilidade e se colocar em uma posição para tomar uma decisão sobre o que fará a seguir? Vivemos em uma cultura em que muitos se culpam por sentir prazer. Jogamos a culpa em nossas próprias inseguranças e dores. Se você comprou este livro em vez de pirateá-lo na internet de graça, isso me diz que você tem a capacidade de deixar um emprego.

»»»»

Questão complementar do Cenário 12:

"Mas e os colegas de trabalho? Seria certo desistir em uma situação em que a equipe tem poucos funcionários e está estressada?"

»»»»

110   DOZE E MEIO

Se estou esgotado mental e emocionalmente, não vou trazer nenhum valor para meus colegas de trabalho de qualquer maneira.

O maior presente que você pode dar a alguém, em minha opinião, é não colocar sua bagagem nas costas dele. A meu ver, deixar o emprego é, na verdade, muito admirável nesse cenário. Você está sendo gentil ao conseguir um emprego diferente; agora você não vai derrubar os outros com seu ressentimento e sua frustração.

Aqui estão as etapas que eu seguiria em relação a essa situação:

1. **Responsabilização:** "Estou no controle e sou capaz de tomar decisões" → Elimina a mentalidade de vítima.

2. **Empatia:** "Não tenho um contexto completo sobre o que está acontecendo" → Evita que você culpe seu chefe.

3. **Curiosidade e sinceridade gentil:** "Então, o que realmente está acontecendo?" → Define a estrutura para uma conversa produtiva.

4. **Responsabilização:** "Posso ficar ou ir embora" → Capacita você a tomar sua própria decisão.

Se eu decidir ir embora, terei outra conversa com meu chefe com um tom de sinceridade gentil:

Eu lhe desejo tudo de bom. Sei que você está passando por um momento desafiador. Infelizmente, estou em uma posição em que algo que considero melhor para mim e minha família apareceu, e senti que era o momento certo para fazer essa mudança.

Quando pedir demissão por haver outra oportunidade, ao sair não deprecie a empresa para seus colegas de trabalho. Você pode ter se dado ao luxo de conseguir outro emprego, mas um de seus companheiros de equipe pode estar endividado e inseguro quanto ao seu conjunto de habilidades. Em vez de fazer Susan ou Rick se sentirem pior por ficarem lá, saia serenamente.

Cenário 13: **Você é um jovem empreendedor que está trabalhando para conquistar seguidores em torno de seu hobby nas redes sociais, mas seus pais não acreditam no que está fazendo. Você tem um histórico de começar projetos diferentes e não seguir até o fim, então eles pensam que seu projeto atual terá o mesmo resultado. Você fica tentando explicar a seus pais que está pensando a longo prazo, mas eles parecem não entender. O que você faria?**

Caso eu estivesse nesse cenário, iria direto para a empatia e a responsabilização.

Se você simplesmente quiser chamar a atenção de seus pais e começar a falar sobre Ethereum, cartões de esportes, ser um jogador profissional de esportes eletrônicos ou se tornar um influencer, você vai soar estranho para eles. O conceito de se tornar um influencer de mídia social ou abrir uma loja de comércio eletrônico é relativamente novo. É óbvia a razão pela qual a maioria dos pais tem dificuldade de entender a praticidade dessas opções. Eles não cresceram com elas.

Independentemente do que digam sobre seus sonhos e aspirações, seus pais o amam. Está no DNA deles. Porém, assim como todo mundo, eles são confiantes ou inseguros.

Tenho empatia pelos pais porque eles também foram criados dessa forma. Você pode estar bravo com sua mãe, mas já olhou cuidadosamente como sua avó a criou? Já pensou nas inseguranças que sua mãe pode ter desenvolvido na infância? E se isso a deixou brava com sua avó, você pensou em como os *pais dela a* criaram?

A responsabilização é imprescindível porque, nesse cenário, você já sofreu perdas antes. É por isso que a próxima frase é algo que mais jovens precisam internalizar: mantenha sua boca fechada.

As pessoas tendem a gastar mais tempo dizendo a todos o quão ricas e bem-sucedidas serão do que realmente falando sobre os negócios que estão desenvolvendo. Se você tem uma boca grande, precisa sentir-se responsável quando todos lhe apontam o dedo por causa do seu negócio de maconha ou linha de roupas falida. Você preestabeleceu isso para si mesmo.

Para mim, o motivo pelo qual *não* calo a boca é que não preciso da afirmação de ninguém. Na verdade, fico estranhamente animado quando o mundo subestima minhas capacidades. Contudo, se você tem uma mentalidade em que as opiniões dos outros ainda o afetam, então trabalhe em prol de sua ambição em silêncio.

Infelizmente, nove entre dez e-mails e mensagens diretas que recebo de jovens nessa situação são os que estão vivendo às custas dos pais. A mãe ou o pai deles está subsidiando seu estilo de vida pagando aluguel ou uma academia, ou até mesmo apoiando financeiramente seus negócios. Se você puder evitar tirar um único centavo de seus pais, não precisará da afirmação deles para continuar construindo seu negócio. Não sentirá o impulso subconsciente de acalmá-los a curto prazo.

Caminhe com seus próprios pés e terá toda a vantagem. Você terá que pegar o metrô em vez do Uber e pode ter um apartamento de merda, mas isso é muito mais legal do que ser psicologicamente controlado por seus pais.

A Vida Real: Cenários **113**

»»»

Questão complementar do Cenário 13:

"Acho que ficar chateado com meus pais é um bom motivador. Não posso usar isso como incentivo para provar que estão errados mais tarde?"

»»»

Muitas pessoas podem ter sucesso a curto prazo sem se valer desses doze ingredientes e meio, ou mesmo se valendo de seus opostos. Insegurança, medo, raiva e ódio são motores poderosos para aqueles que ganham dinheiro a curto prazo. Se você está com raiva e quer irritar o mundo, pode usar isso como motivador.

A questão é: quanto tempo isso vai durar? E, mais importante, você ficará feliz e contente no final? Esses ingredientes emocionais são a base para o sucesso duradouro. A raiva e a insegurança podem criar impulsos de curto prazo, mas raramente irão sustentá-lo. Em alguns casos, podem levá-lo mentalmente a um lugar trevoso ao longo do tempo.

É como *Star Wars*. O lado escuro também tem sucesso, mas não tanto quanto os Jedis. Nunca no final.

———

Cenário 14: **Você está desenvolvendo uma empresa de serviços, tem se apresentado consistentemente para novos prospectos e descobre que eles estão sempre animados no início, mas, quando menciona seu preço, eles geralmente desaparecem e você nunca mais tem notícias deles. Você já teve clientes no passado que não hesitavam em pagar sua**

114 DOZE E MEIO

taxa de serviço e ficavam satisfeitos com seu trabalho, mas não tem certeza de como encontrá-los de forma estável. O que você faria?

———————

Nesse cenário, uma das três coisas aconteceu:

1. Você está pensando em alguém que disse não e precisa pensar em outros clientes.

2. Você não está vendendo com empatia e humildade, de modo que seus clientes não veem o que há para eles.

3. O mercado se ajustou e os clientes estão dispostos a pagar a você, digamos, US$100 em vez de US$200.

É aqui que você precisa implementar: paciência, autoconsciência e convicção.

Você precisa ter a convicção de que vale US$200 por foto, US$100 por corte de cabelo ou US$400 por serviço de paisagismo. Nessa mesma linha, volte-se para a autoconsciência e para a humildade para se certificar de que sua convicção não está baseada na ilusão. Você tem talento para cobrar tanto assim? Ou você está tentando fingir até atingir?

Se você é um comediante, eu adoraria saber que tem a convicção de que chegará ao *SNL* [famoso programa de humor da televisão norte-americana] e se tornará um dos maiores comediantes do mundo. Ao mesmo tempo, você está autoconsciente o suficiente para saber se é engraçado ou não? Você sabe se tem ou não o talento necessário para chegar tão longe? Se não, tem a humildade de admiti-lo?

Eu, Gary Vaynerchuk, nunca chegarei à NBA. Não importa o quanto eu ame basquete, isso simplesmente não vai acontecer. Você precisa de autoconsciência para saber se seu talento e sua habilidade valem o preço que está cobrando.

»»»

Questão complementar do Cenário 14:

"Sei que valho o que cobro, mas os clientes ainda tentam negociar comigo. O que eu vou fazer?"

»»»

Assuma a responsabilidade. Você sempre pode dizer não.

Falei não mais de quarenta vezes no mês passado para palestras em locais que não me pagariam o valor que eu queria. Eu, secretamente, queria participar de muitas delas, mas decidi não cobrar um valor mais baixo devido ao tempo, à proteção da marca e a uma série de outros fatores. Se você não estiver satisfeito com o preço que um cliente está disposto a pagar, sempre pode fazer uma contraoferta ou recusar-se a trabalhar com ele.

Mas aqui está o detalhe mais importante: se e quando você decidir dizer sim, aja como se eles estivessem pagando o dobro.

Muitos provedores de serviço pedem US\$200, aceitam US\$100 e ficam de mau humor. Eles confrontam o cliente, fornecem um serviço de qualidade inferior devido ao ressentimento e se culpam o tempo todo por serem maus negociadores. Em seguida, sua marca fica manchada por causa do trabalho abaixo do padrão e porque ninguém gosta de

DOZE E MEIO

gente mal-humorada. Isso gera um boca a boca ruim, o que leva mais clientes a não quererem pagar tanto — ou a não quererem seu serviço de jeito nenhum.

Se você pedir US$200 e concordar com US$100, pense nisso como US$300. Até esse ponto, você tem permissão para passar por suas emoções, mas, uma vez que concorda em ser pago, toda sua decepção, raiva e ressentimento têm que desaparecer. Substitua-os por perseverança e otimismo. Essa é a única maneira de você voltar a ganhar US$200 no futuro.

Gratidão, humildade e bondade também são parceiras no crime aqui. Se você cobra US$350 por hora e concorda com US$300, você não é um perdedor e o cliente não "o pegou". Seja grato por US$300 por hora e seja gentil consigo mesmo. Quantas pessoas podem cobrar US$300 por 60 minutos de seu tempo? É uma quantidade absurda de dinheiro!

Desenvolva humildade e aprecie o fato de que eles pagaram tudo a você.

_____

Cenário 15: **Você trabalha em uma empresa há vários anos. As pessoas ali apreciam seu trabalho, mas você ainda sente que é mal pago. Você sabe que a empresa está passando por cortes no orçamento, então não quer ser insensível, mas também sente que merece ser melhor remunerado em virtude do valor que agrega. O que você faria?**

_____

Eu entraria no escritório do meu chefe e diria a seguinte frase, com bondade e empatia no tom de voz:

Oi, não quero parecer insensível e estou extremamente grato pela oportunidade que você me deu nesta organização. Mas veja o que eu acho que realmente valho e porquê.

Então, o chefe pode responder como pensa.

Negociações não precisam ser controversas. Você pode dizer o que quer de maneira gentil, e o outro pode dizer se vê da mesma maneira ou não. Desse modo, você pode incluir responsabilização, paciência, convicção, humildade e gratidão em sua resposta.

Se meu chefe disser não, posso ficar e trabalhar mais, se valer a pena, ou posso sair em boas condições e conseguir outro emprego que me pague mais. Gratidão e humildade me ajudariam a absorver a notícia, então responsabilização e convicção são os ingredientes que eu usaria para fazer algo a respeito. Vou realizar 0,0 coisas ficando e reclamando que não recebi um aumento.

Este livro o ajudará a saber que você está no controle. Seu local de trabalho não lhe deve nada, a não ser o que o acordo contratual definiu. A empresa não lhe deve um aumento de 100% em seu salário ou uma promoção para um posto superior ao de seu gerente. Essas coisas são baseadas no valor que você agrega.

A empresa o está julgando o tempo todo, mas você também deve a si mesmo julgar a empresa. Avalie a capacidade da administração de tomar decisões inteligentes e fazer avaliações justas. Se achar que outra empresa seria mais adequada para você, vá em frente.

Quando você se ressente de seu trabalho e o vê como uma prisão, na verdade está se ressentindo de suas próprias decisões de vida que o mantêm preso a ele. Você está ressentido por ter comprado uma casa ou um carro que não podia pagar. Está ressentido com seu próprio derrotismo e suas inseguranças que o impedem de tentar algo novo. Esta não é a Rússia comunista em que meus pais cresceram. Todo mundo que lê este livro tem opções.

»»»

Questão complementar do Cenário 15:

"Por que você usaria bondade em uma negociação? As negociações não são agressivas?"

»»»

As pessoas tendem a confundir confrontação com agressão quando estão funcionando a partir do medo. Quando as pessoas negociam, temem não obter o resultado que desejam. Elas têm medo de ouvir a sinceridade do outro lado.

Na realidade, porém, a maioria das pessoas já sabe a verdade. A maioria das pessoas sabe se o designer sentado à sua esquerda é mais ou menos talentoso do que elas. A maioria das pessoas sabe se a pessoa à direita está ou não trabalhando mais.

Elas sabem. Em muitos casos, simplesmente não querem admitir a verdade e assumir a responsabilização por isso. É por essa razão que reclamar é algo tão difícil de ser contido. Trata-se de um mecanismo de enfrentamento da dor. Neste livro, estou tentando fazer com que você se apaixone por essas doze características e meia, para que, em vez de reclamar, possa assumir o controle e *fazer* alguma coisa.

A Vida Real: Cenários **119**

Cenário 16: **Você está começando uma nova carreira. Para obter experiência, enviou mensagens para cem executivos no LinkedIn e lhes pediu uma oportunidade de estagiar diretamente com eles. Cinco responderam, e um deseja agendar uma ligação para conversar mais. Você está animado e quer ter certeza de que irá agregar valor e construir um relacionamento. O que você faria?**

Algumas pessoas aceitam empregos ou estágios nos quais não podem realmente agregar valor porque desejam o resultado de curto prazo, seja dinheiro ou validação. É aqui que sua paciência precisa equilibrar sua convicção, sua perseverança e sua ambição.

Digamos que a ligação seja com um designer de moda.

Durante essa ligação, eu faria perguntas sobre o que exatamente ele precisa de ajuda e usaria a autoconsciência para avaliar se sou a pessoa certa. Quando você considera uma nova oportunidade, não se trata apenas do título e do dinheiro. Você precisa primeiro considerar se pode ou não desempenhar essa função.

Se aquele designer de moda me dissesse que eu teria que gerenciar um calendário, mas sei que tenho dificuldade em trabalhar com detalhes, eu entregaria estas linhas com uma sinceridade gentil:

> *Eu sou um cara cheio de energia, mas às vezes deixo de cruzar os meus "ts" e pontuar os meus "is". Será um problema se eu anotar uma de suas reuniões na hora errada ou perder um papel aqui e ali? Só quero ser franco com você: tenho um pouco disso em mim. Você vai ficar bem na terceira semana,*

*quando eu cometer um erro, ou trataria isso como no filme
O Diabo Veste Prada? A empresa é sua, e apenas quero lhe
dizer com antecedência.*

Nem sempre é fácil admitir algo assim — especialmente se você passou dois dias inteiros enviando aquelas cem mensagens iniciais, mais cinco horas de acompanhamento e finalmente recebeu um telefonema de alguém a quem admira.

Mas, se eu aceitar esse trabalho, sei que vou atrapalhar um compromisso do calendário na primeira semana. Sei que vou inserir um valor errado em uma planilha do Excel. Se você aceitar uma oferta para ser assistente administrativo sabendo que é péssimo com os detalhes, isso prejudicará sua reputação com o designer de moda, e isso é pior do que ser franco e mudar de emprego.

Preciso ser paciente e otimista o suficiente para saber que posso obter mais oportunidades como essa. Se o designer de moda diz que ser detalhista é um requisito, posso ser perseverante ao enviar mais mensagens a outras pessoas do ramo. Só vou ter que me esforçar mais.

As pessoas aceitam trabalhos que sabem que não podem fazer porque estão inseguras quanto à capacidade de conseguir mais empregos.

Na vida real, recebo, no privado, mensagens como: "Mas, Gary, estou exausto! Estou procurando estágio há cinco semanas e meia. Finalmente consegui um. Fácil para você dizer que eu não deveria aproveitar esta oportunidade."

Para que fique bem claro, não me importo se você aceita ou não. Para a pessoa que está lendo esta frase: não conheço você e sua situação específica. Mas sei que, se você aceitar um emprego que sabe que não pode fazer só porque está desesperado por uma oferta, criará maiores problemas de autoestima em seis semanas, quando for demitido.

As pessoas se enganam dizendo: "Vou aprender a ser detalhista."

Elas comprometem sua autoconsciência com esperança ilusória. Por que aceitar um emprego em que seu desempenho depende inteiramente do quanto você pode melhorar seus pontos fracos?

»»»»

Questão complementar do Cenário 16:

"E se você aceitou o trabalho, mas percebeu que foi um erro três semanas depois? O que faria então?"

»»»»

Muitas pessoas permanecem no emprego por mais tempo do que desejam porque foram informadas por seus pais ou orientadores de que seu currículo ficaria "ruim". Essa é a maior besteira de todos os tempos.

Se as empresas lhe perguntarem sobre isso no futuro, você pode explicar a elas que se apoiou em sua autoconsciência para reconhecer que não era uma boa opção. Você reconheceu em três semanas que não agregaria valor, então teve a humildade de renunciar. Não há nada de ruim nisso.

Caso se sinta desconfortável por renunciar tão cedo, e achar que não é uma coisa boa a se fazer pela empresa para a qual trabalha, você pode fazer mais algumas perguntas com antecedência para ter certeza de que sua função está de acordo com seus pontos fortes. Obtenha total clareza sobre o que estaria fazendo, com quem estaria trabalhando e o que a empresa está tentando realizar.

122 DOZE E MEIO

Cenário 17: Você dirige uma empresa com um sócio, Bob, 50% cada. Trabalha com ele há muito tempo e sente que o conhece bem. Bob agrega muito valor à empresa e seu conjunto de habilidades complementa o seu. Ele tem atuado junto a um contador para manter as finanças em ordem, e você confia cegamente nele para esse lado do negócio, enquanto se concentra em aumentar a receita. No entanto, um dia Bob diz que vai pagar a si mesmo um bônus extra, então você decide entrar em contato com o contador para ver como estão as finanças. Assim, percebe que ele está tirando dinheiro extra do negócio há meses, pagando por coisas pessoais, férias, reformas na casa e muito mais. O que você faria?

Não é brincadeira. A primeira coisa que me passa pela cabeça é: *eu mereço isso.*

As empresas funcionam com números. Amo Bob e posso inicialmente ficar desapontado e magoado, mas o primeiro ingrediente que usaria é a responsabilização. Eu tinha condições de entrar em contato com o contador todos os dias da minha vida. Poderia ter olhado os números a qualquer momento, mas não o fiz.

A responsabilização é o antídoto para a raiva. Estar com raiva e se sentir vítima são maneiras terríveis de começar porque não abrem espaço para uma conversa. É também o que a maioria das pessoas faz. A capacidade de prestar contas me ajudaria a me sentir melhor aqui, porque não é como se eu não estivesse no controle.

Ao mesmo tempo, não me culparia por não conferir com o contador. Nesse cenário, é claro que não sou o tipo de pessoa interessada em monitorar as finanças do dia a dia. Eu era o gerador da receita do crime. A autoconsciência levaria ao entendimento de que não gosto de monitorar números e confiei em um parceiro que complementou essas habilidades. Tudo bem.

Não vou insistir e dizer a mim mesmo que "Sou um idiota" ou "Estou sendo lesado por ser um perdedor".

Acredite ou não, eu realmente ficaria preocupado com Bob. Eu teria empatia.

Seu casamento está desmoronando? Seus filhos estão doentes? Existe uma crise de meia-idade acontecendo? Bob está com uma doença terminal e está apenas tentando se distrair? Tem alguma coisa que eu não sei?

Não confunda esse tipo de otimismo com ingenuidade ou ilusão. Otimismo neste cenário não significa acreditar, inocentemente, que Bob estava roubando dinheiro para as férias "por acidente". Significa acreditar que há potencial para superar isso em nosso relacionamento. Pode haver uma explicação que faça sentido. Isso pode ser apenas um ponto no radar do personagem que eu conheço. **Seja isso verdadeiro ou não, começar com essa perspectiva define a estrutura para uma conversa segura.**

Se você reagir com raiva, tudo o que estará fazendo é dar a Bob um motivo para levantar a guarda e ficar na defensiva. Isso não estabeleceria a base para um resultado positivo.

Mas tente se aproximar com uma conversa assim:

Ei, Bob, tenho certeza de que há uma explicação para isso. Estou me esforçando para enxergar o que houve, mas estamos trabalhando juntos há muito tempo. Não entendo essa viagem ao Cabo, essas compras para reforma de sua casa ou essas viagens de avião particular. Me ajude aqui. O que eu não entendo? O que eu perdi?

Isso muda tudo. Ao começar com empatia e capacidade de se responsabilizar, você deu ao parceiro de negócios (que provavelmente está sofrendo) um pouco de espaço para respirar e lhe confessar tudo.

Existem muitos indivíduos em parcerias que enfrentaram indiscrições semelhantes, mas na verdade conseguiram o perdão. Existem parceiros que roubam dinheiro um do outro e passam a ter uma colaboração melhor depois dessa discussão. Não precisa necessariamente ser o fim de um relacionamento. Talvez, depois de conversar sobre isso, eu perceba que para mim está tudo bem e posso manter a parceria.

Por outro lado, algumas pessoas nunca conseguiriam superar isso e não poderiam continuar tal cooperação. Se for seu caso, isso não é nada incompreensível. Você pode ter uma discussão sobre deixar Bob ir, comprar sua parte, pedir-lhe que devolva o dinheiro ou qualquer outra coisa. Depois de ter uma conversa segura, você pode voltar à responsabilização e tomar uma decisão.

Para mim, se eu decidir deixar isso para trás, o relacionamento será o mesmo? Claro que não. Eu ficaria de olho nas finanças? Provavelmente. Posso configurar um sistema que me envie alertas de texto quando forem feitos depósitos e retiradas? Claro.

Trata-se de se colocar em posição de tomar uma decisão em seus próprios termos. Você não precisa encerrar a parceria só porque "se aproveitaram de você" aos olhos do mundo. E também não precisa ficar nela e resolver as coisas se não consegue superar o ressentimento.

Quando você está jogando seu próprio jogo, você dita as regras. Esses ingredientes emocionais o colocam no controle para tomar a decisão que desejar.

A Vida Real: Cenários **125**

Cenário 18: Você é um jovem que trabalha em uma empresa de seu tio. E tem dois mentores, Charles (seu gerente) e Sarah (a gerente de seu gerente), com quem você trabalha e admira. Você faz parte de uma equipe de vendas de setenta pessoas. Numa segunda-feira de manhã, você entra no escritório e descobre que seus dois mentores partiram para abrir uma empresa concorrente. Ainda que eles queiram contratá-lo, você respeitosamente declina porque não quer deixar a companhia de seu tio. Você é empurrado para uma posição de liderança em seu trabalho, chefiando uma equipe de vendas de 58 pessoas (depois que 12 saíram para ingressar na nova empresa) e está tentando desenvolver um plano de ação. O que você faria?

Comece com autoconsciência e empatia. A empatia o ajudaria a sentir o que sua nova equipe de 58 está sentindo. Algumas pessoas podem ter desejado trabalhar para Charles e Sarah, mas não foram convidadas. Alguns podem ter desejado ficar porque gostam da estabilidade da companhia de seu tio. Outros podem ter sido convidados, mas decidiram ficar porque são leais à organização.

A empatia ajudará a criar confiança e inspirar a equipe. Ela desempenhará um papel vital nos próximos seis meses ou um ano, quando a situação estiver obscura — especialmente nas próximas seis a dez semanas.

A autoconsciência pode ajudar a entender como liderar. O erro que a maioria das pessoas comete quando assume cargos de gerência é tentar ser como os gerentes anteriores. Se Charles e Sarah costumavam conduzir reuniões de maneira fluida, mas você precisa de mais estrutura, não precisa copiá-los. Você pode não ser tão carismático ou extrovertido. Pode não ter tanta convicção quando se comunica. Você pode tropeçar um pouco nas palavras. Apesar de tudo isso, ainda pode ser um líder forte.

Nem todo líder precisa ser extrovertido e ter muita energia. Se você se volta para a autoconsciência, a humildade e a empatia, pode contrapor suas diferenças às dos líderes anteriores.

Por exemplo, naquela manhã de segunda-feira, você poderia convocar uma reunião com toda a equipe e dizer algo assim:

Eu sei que sou jovem. Como vocês sabem, esta é a empresa do meu tio, e venho aqui desde criança. Estou tão arrasado aqui quanto qualquer outra pessoa sobre a partida de Charles e Sarah. Mas, agora, é minha responsabilidade superá-los.

É como nos esportes. Só porque eles foram embora, não significa que sejam inimigos mortais. Isso não significa que estamos lutando até o fim. Não precisamos fazer fofoca e sussurrar sobre eles ou as doze pessoas que foram com eles. Não preciso ouvir rumores nas próximas três semanas de que Johnny da nossa equipe enviou uma mensagem de texto para alguém da outra equipe.

As equipes trocam jogadores. Às vezes, os jogadores saem, e algumas vezes eles assinam com equipes diferentes. Não estou dizendo que é bom. Se alguém passou dos Jets para os Patriots, isso é uma rivalidade. Mas é realmente um problema?

Podemos estar em uma rivalidade agora com Charles e Sarah, mas, lembrem-se, isso é apenas no contexto dos negócios. Você ainda pode manter relações de amizade com o marido de Karen, John, que saiu para trabalhar na outra empresa, mas que é seu melhor amigo.

A Vida Real: Cenários　　**127**

Claro, queremos vencê-los em campo nos negócios, porém não vamos dramatizar essa questão. Você ainda pode ser amigo de qualquer pessoa que foi para lá, incluindo Charles e Sarah.

Ao mesmo tempo, lembrem-se de que vocês estão usando nossa camisa agora. E, enquanto estão vestindo esta camisa, queremos é acabar com eles e todos os outros que competem conosco. Não precisamos tornar isso em algo político, ou estranho. Mas precisamos ir lá fora e vender.

>»»»

Questão complementar do Cenário 18:
"Quando colocado em cargos de gestão, quais habilidades é necessário desenvolver?"

>»»»

A inteligência emocional ajuda, não importa o que você esteja fazendo, mas é ainda mais valiosa para os gerentes porque afeta mais pessoas. Quando você tem funcionários ou membros da equipe pelos quais é responsável, suas habilidades e falhas emocionais são amplificadas. Se você desenvolveu esses doze ingredientes e meio ou outros ingredientes que admira, as pessoas vão notar. Se não, as pessoas também notarão.

Você pode ser melhor do que outros gerentes em habilidades técnicas, mas, se não for otimista, enfrentará desafios para aprimorar sua equipe. Se você não for empático, terá dificuldade em fazer com que as pessoas fiquem do seu lado. Se você não estiver curioso, não inovará tão rapidamente.

Cenário 19: **Você trabalha em uma cidade grande em um emprego na área financeira, ao qual odeia ir todos os dias. Você tem uma família e é importante ter renda suficiente para sustentar o estilo de vida dela. Mesmo que odiando seu trabalho, ele paga as contas. Por outro lado, você está trabalhando em um blog que analisa gelaterias em sua cidade e está chegando ao ponto em que tem dinheiro suficiente da receita de afiliados para se sentir confortável para sair do emprego. Mas, então, o Google faz uma atualização de algoritmo que afeta seu site, e isso afunda as receitas. O que você faria?**

Se eu confiei estritamente no Google e não construí uma marca e um tráfego a partir de conteúdo de mídia social ou outros meios (como imprensa ou mala direta), então mereço isso. Eu deveria ter recebido tráfego de canais como LinkedIn, Instagram, TikTok ou outros, assim, eu assumiria essa responsabilidade.

Em seguida, vem o otimismo.

Nesse cenário, já alcancei muitas coisas. Estou ganhando um bom dinheiro com um trabalho em uma cidade grande e claramente tenho a capacidade de construir minha própria fonte de receita. Eu ficaria otimista sabendo que o que levei alguns anos para desenvolver por meio de pesquisas é algo que posso construir mais rapidamente nas redes sociais. Eu iniciaria o processo de construção de um gerador de tráfego multidimensional com base em vários canais de mídia social, e-mail, afiliados e influencers e construindo meu backup de SEO (otimização de mecanismo de busca).

A autoconsciência também desempenha um grande papel aqui. Estou claramente infeliz nessa situação. Achei que estava quase saindo dessa prisão financeiramente. Nesse quadro, vou ter uma conversa com minha mulher, expressar o que sinto sobre tudo isso, e talvez me mude da cidade grande por um tempo para reduzir minhas despesas. Onde moro pode não importar tanto, especialmente depois da COVID. Eu usaria autoconsciência e reconsideraria o quanto é realmente importante para mim e para minha família viver em um local tão caro.

Isso pode significar morar mais longe do meu trabalho e convencer a empresa para a qual trabalho a me deixar trabalhar remotamente e vir alguns dias por semana, já que a COVID tornou o home office mais aceitável. Eu poderia sorrir e aguentar um trajeto de duas horas, duas vezes por semana, e trabalhar mais em meu projeto paralelo nos outros dias com custos de estilo de vida mais baixos.

Ou, se eu adoro estar na cidade, ir a restaurantes e ficar fora até uma hora da manhã, tudo bem também. Eu poderia continuar morando na cidade com minha família e com despesas maiores. Só teria que exercer a paciência e aceitar o fato de que poderia levar mais tempo para sair do meu emprego.

Cenário 20: **Você é um gerente de vendas em sua empresa e sua equipe está apresentando um desempenho insatisfatório. Nos últimos 3 trimestres consecutivos, sua equipe esteve nos 25% mais baixos do desempenho geral na organização. Nesse trimestre, você foi avisado pela liderança de que, se a equipe não melhorar, eles podem ter que dispensá-lo. O que você faria?**

Eu imediatamente assumiria que é minha culpa. Mesmo que meus funcionários estejam com baixo desempenho, sou o líder deles. Estou no controle de como gerencio e lidero aqueles que estão trabalhando comigo. Se minha equipe está com baixo desempenho, só há um lugar para olhar: o espelho.

Responsabilização é o gatilho que me colocaria no assento do motorista. Em vez de pensar *"gostaria de ter uma equipe mais inteligente"* ou *"Sally só está ganhando porque recebeu os melhores talentos"*, posso começar a tomar decisões de forma proativa. Eu começaria avaliando cada vendedor que gerencio. Quem são os elos fracos? Existem funcionários tóxicos? Quem tem o melhor desempenho?

Eu marcaria uma reunião fora do escritório com minha equipe para ter uma conversa profunda sobre o que posso fazer para tornar o ambiente melhor. Isso significa ter empatia e dar um passo atrás para sentir o que impulsiona cada indivíduo em minha equipe.

Essa abordagem também requer humildade. Mesmo na VaynerMedia, realmente não sinto que meus funcionários me devem nada. É meu trabalho colocá-los em posição de sucesso. É meu trabalho provar a eles que me importo. Não se trata de ser profissional e esperar que eles trabalhem duro só porque recebem um salário. E daí se eles recebem um salário? Eles podem obter um de qualquer empresa. É por isso que sempre digo que trabalho para meus funcionários, não o contrário.

Nesse cenário, talvez eu aprenda que minha equipe é competitiva e gosta de disputar entre si. Talvez alguns deles prefiram desenvolver uma camaradagem profunda. O que os motiva? O que desejam realizar em suas carreiras?

A conversa pode tomar muitas direções. Por exemplo, posso descobrir que a pessoa de melhor desempenho na equipe é o verdadeiro motivo pelo qual a equipe tem, em geral, um desempenho insatisfatório. O melhor deles pode ter uma atitude tóxica que torna o restante dos funcionários infelizes e temerosos de ir trabalhar todos os dias.

Se for esse o caso, eu daria um feedback a essa pessoa com sinceridade gentil. Se mesmo assim o comportamento dela não mudasse, eu assumiria a perda e dispensaria essa pessoa. Isso pode diminuir meus resultados gerais em 50%, mas me livrar do câncer pode fazer com que o resto da equipe recupere esses 50%.

Também pode haver pessoas com baixo desempenho na equipe que precisam de algum treinamento extra em vendas. Gostaria de voltar ao básico e garantir que todos entendam como vender, até mesmo fornecendo leads [potenciais clientes em estágio preliminar de contato] para ajudá-los a melhorar.

Eu me voltaria fortemente para a curiosidade aqui, porque a curiosidade leva a ideias criativas. Claramente, neste cenário, preciso de uma ideia para estimular a equipe. Essas ideias podem vir do que aprendi em minhas conversas com eles. Por exemplo, se eu descobrir que meu time é competitivo, posso criar um pequeno jogo dentro de nossa equipe para que eles joguem um contra o outro. Se eles querem camaradagem, posso marcar um jantar em uma videochamada ou na casa de alguém, para que haja uma conexão mais humana.

Cenário 21: **Você está trabalhando em uma função estratégica como gerente, em que precisa fazer um trabalho administrativo detalhado em cerca de 10% a 20% do tempo. O desafio aí é que você percebeu que não é organizado e tem dificuldade com essa parte do trabalho. Você tende a não ver os e-mails e as solicitações de confirmação ou**

de reuniões que as pessoas enviam. Não tem verbas para contratar um assistente e nota que os membros da equipe sob sua direção estão ficando frustrados com sua falta de atenção aos detalhes. O que você faria?

———————

Quer você seja um empresário ou um funcionário, provavelmente se encontrará em muitas situações ao longo de sua carreira em que terá de gerenciar a comunicação com aqueles que estão acima e abaixo de você.

Nesse caso específico, você tem uma fraqueza que está criando atrito com os membros da equipe, e seus gerentes provavelmente também estão percebendo. É aqui que a autoconsciência e a humildade podem dar aos outros uma noção de suas boas intenções. Esses dois ingredientes tornam mais fácil para os outros sentirem empatia por você. A autoconsciência não apenas o ajuda a descobrir seus pontos fortes e fracos, mas também esclarece onde você realmente é capaz de melhorar. Assim que você estiver ciente de suas fraquezas, a humildade virá naturalmente. Quando você é autoconsciente e humilde, estabelece a base para se responsabilizar, em vez de culpar os membros de sua equipe ou insistir no erro.

Responsabilizar-se pode ajudá-lo a avançar na hierarquia em qualquer organização. Algumas pessoas permanecem presas na mesma função por anos e anos porque seus gerentes pensam nelas como indivíduos que vivem reclamando e não como solucionadores de problemas, consciente ou inconscientemente. Quando você se responsabiliza, chega aos colegas de trabalho e gerentes com soluções, ao invés de reclamações.

Se fosse eu, isto é o que faria primeiro: marcaria uma reunião individual com meu chefe e traçaria soluções de antemão.

Antes da reunião, eu teria uma conversa individual com um membro da equipe que trabalha comigo e diria: "Ei, você tem algum tempo para me ajudar com um trabalho administrativo? É algo que você gostaria de fazer?"

Pode ser uma oportunidade para alguém da minha equipe que está apresentando um desempenho inferior em sua função atual. Ao me ajudar com o trabalho administrativo, essa pessoa poderia agregar valor em uma capacidade diferente, mais alinhada com seus pontos fortes e potencialmente mais valiosa para a organização como um todo.

Ajustar os papéis das pessoas em minha equipe seria muito mais prático do que ir ao meu chefe e pedir dinheiro extra para contratar um assistente. Mesmo se eu conseguisse a aprovação para contratar um administrador pessoal, teria que ser empático com meus pares que não têm um funcionário assim. Isso pode criar maiores problemas culturais na organização.

Após ter conversado com dois ou três membros da equipe sob minha gestão e encontrado uma maneira de alocar 10% do tempo de alguém para o trabalho administrativo, me sentiria à vontade para entrar nessa reunião com meu chefe.

»»»

Questão complementar do Cenário 21:

"E se o seu chefe não gostar da sua solução e disser que você precisa descobrir sozinho?"

»»»

OK, então vamos supor que o chefe diga: "Não podemos ter um de seus funcionários ajudando você com seu calendário."

Meus ingredientes essenciais seriam paciência e otimismo. Posso ter outra ideiá ou simplesmente aprimorar minha atenção aos detalhes. Talvez eu decida que estou perto do nível "bom o suficiente" e quero tentar melhorar. Eu também poderia ser perseverante e conseguir um emprego em outra empresa se decidir que não tenho interesse em me tornar mais detalhista. Eu ficaria praticamente otimista com a possibilidade de encontrar um emprego que me pague mais, ou menos, mas que tenha um ambiente de trabalho mais voltado para meus pontos fortes.

Por exemplo, talvez eu pudesse conseguir um emprego como vendedor de carros e aproveitar muito mais minha vida porque não estaria gastando 10% ou 20% do meu tempo fazendo o que odeio e gastando os outros 80% ou 90% me sentindo ansioso sobre aqueles 10% ou 20%. O engraçado é que investir em minhas qualidades levaria a um melhor desempenho e a mais felicidade, o que poderia resultar em mais promoções e aumentos substanciais.

Cenário 22: **Você é proprietário de uma empresa que tem consistentemente lançado áudio, vídeo e conteúdo escrito em plataformas sociais nos últimos dois meses. Você notou um pouco de crescimento subsequente, mas não recebeu nenhum cliente vindo das mídias sociais. Você está tentando entender se está no caminho certo ou não, se deve continuar ou ajustar sua estratégia. O que você faria?**

Eu usaria cada um dos ingredientes emocionais nesse cenário.

A oportunidade mais significativa na Terra para cada ser humano é se comunicar com o mundo por meio da mídia social. Acredito que a criação de conteúdo nas 12 a 15 plataformas que prendem mais atenção é o portal definitivo para oportunidades, esteja você tentando conseguir um novo emprego, expandir seus negócios ou concorrer a prefeito.

Vou lançar toda a prateleira de temperos nesse cenário:

Gratidão: eu ficaria muito grato pela oportunidade de falar ao mundo. Pergunte a sua avó o que ela era capaz de fazer a fim de conseguir clientes para uma empresa. Ou em qual projeto paralelo ela poderia trabalhar à noite, depois de colocar as crianças na cama ou voltar do trabalho para casa. Temos muitas oportunidades graças à internet.

Autoconsciência: eu me perguntaria se estou divulgando um conteúdo que está de acordo com meus pontos fortes. Talvez você não esteja ganhando força porque está publicando postagens de blog quando deveria estar filmando a si mesmo. Talvez você esteja tentando imitar meu conteúdo de vídeo de alta energia nas redes sociais, mas você é introvertido e se sente estranho na frente da câmera. Você pode ser um escritor mais eficaz. Eu gostaria de poder escrever, mas não posso. Em vez disso, uso minha autoconsciência, então estou sentado em uma sala neste momento escrevendo este livro por áudio com Raghav.

Responsabilização: é muito bom saber que tudo depende de você. Isso significa que você está no controle se quiser resolver qualquer coisa.

Otimismo: é muito mais divertido dizer "Amanhã é o dia em que farei um post que mudará o rumo do meu negócio" do que o contrário. Dizer a si mesmo "Nunca vou fazer um conteúdo que funcione" é uma profecia que se autorrealiza.

Empatia e humildade: eu me perguntaria: "Por que alguém deveria assistir a um de meus vídeos? Eles têm outras coisas para lidar. Quem sou eu?" Há 1 milhão de vídeos à disposição. Eu sou apenas uma pessoa.

Convicção: ao mesmo tempo, sei que sou bom para cacete e é por isso que você deveria me ouvir. Convicção se trata de acreditar no conteúdo que se está criando. A questão é acreditar que você sabe algo que os outros não sabem sobre direito, paisagismo, vinho ou como jogar xadrez.

Bondade: quando estou tentando algo novo, a bondade comigo mesmo é indispensável. Estou tentando.

Perseverança: faz apenas dois meses. É claro que preciso permanecer determinado. Ninguém consegue atingir o sucesso na primeira tentativa. A maioria das pessoas não consegue acertar a bola em suas primeiras cinquenta rebatidas. Ou quinhentas. Ou até cinco mil. Nos primeiros dias da Wine Library TV, ninguém assistia. Eu até tinha um boletim informativo por e-mail enviando episódios aos assinantes, e ainda assim ninguém queria assistir. Construir um negócio leva tempo.

Curiosidade: na verdade, acho que não preciso de curiosidade aqui.

Paciência: se você acompanha meu conteúdo nas redes sociais, sabe o quanto acredito na paciência. Ela complementa a perseverança. Preciso ser paciente para passar de quinhentas a cinco mil rebatidas.

Ambição: eu me perguntaria: "Por que estou tentando fazer esse empreendimento crescer?"

Na verdade, acabei de pensar em como implementaria a curiosidade:

Nos negócios e na vida, estou genuinamente intrigado. Que impacto posso ter no mundo? Quanto minha empresa pode crescer? Quanta admiração posso receber? Meu aniversário pode ser um feriado nacional?

Não se trata de ego; é curiosidade genuína. É em parte o que impulsiona minha ambição. Não posso deixar de me perguntar: "Quão grande é o efeito que posso ter na sociedade?"

Este livro chama-se *Doze e Meio*. Em três anos, o próximo será *Dezesseis e Dois Terços*? Existem mais ingredientes emocionais para começar a aplicar em minha vida?

Estou curioso.

E você também está. Sua próxima postagem será aquela que acaba levando a um programa na Netflix?

»»»»

Questão complementar do Cenário 22:

"Quais ingredientes emocionais você usaria para analisar qual conteúdo está funcionando nas mídias sociais?"

»»»»

Autoconsciência, depois responsabilização.

Se você está autoconsciente, está disposto a ver a verdade. A partir daí, pode ver tanto o preto e o branco quanto o cinza.

O preto e o branco são os dados quantitativos. É o número de seguidores, curtidas e comentários que você recebe de cada postagem.

O cinza é a nuance. Você está se sentindo positivo? Está ganhando impulso interno? Sente que está no caminho certo?

Eu uso dados quantitativos para validação. É como sei que estou crescendo. Mas, para mim, é secundário.

Se sinto que estou no caminho certo, se gosto da maneira como me sinto, fico muito mais feliz. É como malhar na academia e comer bem. Assim que você começa a fazer isso, sabe que está no caminho certo. Você pode dizer pela forma como se sente. Esse é o cinza.

Você sempre pode monitorar o preto e o branco. Está ganhando mais músculos? Faz cocô com mais regularidade? Com o tempo, você verá resultados reais que podem ser medidos.

Cenário 23: **Você já administra seu próprio negócio há algum tempo. E realmente ama o que faz. O negócio gerou a receita de que precisava para sair do emprego e você gostou de fazer a empresa crescer. Você tem ambição de continuar a escalar a empresa para um nível muito mais alto. No entanto, acorda numa terça-feira de manhã e simplesmente não tem vontade de trabalhar. O que você faria?**

Vamos falar sobre julgamento.

Acredito que todos aqueles que estão lendo isso vão balançar a cabeça quando digo que as pessoas que julgam os outros não estão lidando com muitas informações. Quando você julga alguém, geralmente está observando apenas alguns comportamentos ou ações específicas. Você não conhece essa pessoa — e, mesmo que conheça, geralmente não sabe o que está acontecendo em sua vida pessoal. Provavelmente, não levou os anos necessários para verificar o que aconteceu naquela infância em particular. Você não tem todo o contexto. Isso não significa que não se deva responsabilizar as pessoas por suas ações por meio de uma sinceridade gentil, mas não é inteligente julgá-las por isso.

Pessoas que julgam os outros com severidade tendem a aplicar o julgamento mais severo contra si mesmas e suas próprias ações. Nós nos castigamos demais. Para ser gentil com os outros, primeiro é preciso ser gentil consigo mesmo.

Se eu estivesse nesse cenário, diria a mim mesmo: "Tenho trabalhado muito todo esse tempo e hoje não estou com vontade. Tudo bem se não for incrível essa manhã."

Muitos empreendedores ambiciosos trabalhariam duro naquela terça-feira. Eu também sou um grande fã de trabalho duro, e recorreria à autoconsciência para avaliar se essa é a atitude certa em um determinado dia.

É como malhar. Dos cerca de 320 dias por ano que treino, não sinto vontade em cerca de 290 deles, mas sei que, se conseguir passar os primeiros 5 ou 10 minutos, entro no meu fluxo. Recentemente, depois de cerca de seis anos ou mais de uma rotina sólida de exercícios, tenho sido mais moderado comigo mesmo e tiro um dia de folga vez ou outra, quando *realmente* não sinto vontade de malhar. Isso tem sido uma adição saudável para mim.

Talvez você seja o tipo de pessoa que precisa se arrastar para fora da cama e se esforçar por cinco ou dez minutos antes de começar a gostar do que faz. Ou talvez esteja no ponto em que se esforçar levaria ao esgotamento e realmente só precisa de uma folga. Contanto que o bem-estar de alguém não seja afetado, realmente acho que mais empreendedores deveriam se dar permissão para acordar e dizer: "Ei, vou assistir a desenhos animados hoje."

»»»»

Questão complementar do Cenário 23:

"Em que ponto tirar uma folga se torna preguiça?"

»»»»

Dos cerca de 250 dias que trabalho em 1 ano (excluindo fins de semana), provavelmente há entre 7 e 23 em que eu penso: *foda-se!*

Isso pode acontecer por uma série de razões. Eventualmente, sou atingido com o padrão certo de quatro, cinco ou seis eventos decepcionantes ao mesmo tempo. Posso aguentar um soco, mas, se você me bater como Buster Douglas [pugilista que quebrou a invencibilidade de Mike Tyson] no auge, vou cair. Isso já aconteceu.

Em dias como esse, eu pratico gratidão, humildade, perseverança e otimismo. A gratidão coloca todos os problemas de negócios em perspectiva: minha família é saudável? Então já ganhei. A humildade me dá conforto com minha posição no mundo. Preciso ser humilde o suficiente para aguentar os socos. Não estou acima disso de forma nenhuma. Gratidão e humildade me colocam no estado de espírito adequado para absorver o estresse, enquanto perseverança e otimismo

A Vida Real: Cenários   141

me ajudam a atacar o problema. Também tiro os fins de semana de folga e fico completamente longe de tudo e todos durante as férias. Esse tempo desconectado ajuda a criar equilíbrio.

De qualquer maneira, você sempre terá a opção de ir trabalhar, mesmo quando não estiver interessado. Lembre-se, porém, de que não se trata das horas que você dedica, mas sim de como você as gasta.

Por exemplo, digamos que você tenha que lidar com a tristeza em sua vida pessoal — sua avó foi diagnosticada com uma doença terminal. Você queria tirar uma folga, mas, seja como for, foi perseverante e apareceu para trabalhar apesar de sua dor emocional. Nessa situação, você corre o risco de descarregar sua própria dor nos membros da equipe. É possível que esteja com raiva, frustrado ou passivo-agressivo naquele dia e pode criar problemas no futuro com sua equipe. E se você estourasse e gritasse com um colega por não saber passar bem uma mensagem? E se um funcionário quisesse falar sobre problemas pessoais, mas você não o fizesse se sentir ouvido porque estava lidando com os seus?

Não importa o que aconteça, tento ser gentil comigo mesmo nesse cenário para ser um líder mais forte. Se isso significa tirar uma folga, ótimo. Se isso significa que eu simplesmente trabalho sem interesse e perco tempo todo o dia, ótimo. Eu não me julgaria. Para mim, o mais importante é ser gentil com todos com quem interajo naquele dia, sejam meus fornecedores, clientes ou, o mais importante, meus funcionários.

Paciência é um ingrediente secreto que ajuda a equilibrar a ambição. Não deixe sua ambição colocá-lo em um espaço mental no qual você analisa excessivamente seu rendimento todos os dias. Concentrar-se em sua jornada ao longo de um ano, cinco ou dez anos é mais valioso do que se preocupar por ser preguiçoso em alguns dias aqui e ali. Talvez você tenha tido um dia ineficaz. Talvez tenha tido um mês ineficaz. Ou talvez algo devastador tenha acontecido e atrapalhado seu ano inteiro. A chave é ser gentil e paciente consigo mesmo primeiro e estar ciente de quanto mais tempo ainda tem.

Se alguém em sua família foi diagnosticado com uma doença e você precisa reservar um tempo para isso, trata-se de algo apropriado, não de algo pelo qual você deva se sentir culpado. Se você acabou de acordar em uma terça-feira de manhã e decide que não quer entrar na sua empresa porque está um dia lindo lá fora e você prefere passá-lo na praia, não se julgue por isso também.

Caso sempre sinta vontade de tirar uma folga, então deve avaliar se ainda gosta de administrar sua empresa por meio da autoconsciência. Contudo, não supervalorize seu rendimento diário. Sua jornada geral é um reflexo mais preciso de para onde você está indo.

Cenário 24: **Digamos que você tenha uma pequena empresa, está ampliando-a e, nesse processo, procurando contratar um assistente para administrar sua agenda. Você já passou por cinco assistentes, e todos eles desistiram ou tiveram um desempenho ruim e foram demitidos após vários meses. A falta de continuidade está fazendo você escalar mais devagar do que faria de outra forma.**

Estou percebendo que sou muito mais obcecado por responsabilização do que pensava.

A Vida Real: Cenários **143**

Sou eu que estou contratando os assistentes, então começaria por entender que tudo isso é minha culpa. Não posso culpar ou julgar meus funcionários por não terem um bom desempenho ou por não permanecerem por perto. Preciso examinar mais a fundo meu processo de contratação ou como estou agindo como líder.

Também é importante equilibrar essa responsabilização com otimismo. Tentei cinco assistentes, mas existem bilhões de pessoas na Terra. Só porque não deu certo cinco vezes, não significa que nunca vai dar certo ou que não sou capaz de melhorar meu processo.

Ainda assim, se cinco assistentes desistiram ou foram demitidos, preciso dar uma olhada em minhas próprias deficiências. Talvez eu não esteja sendo paciente o suficiente no processo de treinamento deles. Talvez haja algo que eu precise consertar sobre meu estilo de comunicação. Talvez eu precise ser mais franco na entrevista, para que eles saibam no que estão se metendo. A reação deles pode me ajudar a fazer um julgamento melhor sobre as contratações futuras.

Quando estiver contratando meu sexto assistente, devo pender para a humildade nessas conversas e falar sobre minhas deficiências como gerente, até mesmo contar algumas histórias de terror dos últimos cinco candidatos. Eu poderia compartilhar de antemão minha perspectiva sobre por que as coisas deram errado. A humildade me permitiria ter conversas muito mais profundas, frutíferas e contextuais que me ajudariam a tomar uma decisão mais fundamentada sobre quem se encaixa melhor.

Quando você reage com responsabilidade e humildade nesse cenário, suas perdas podem, na verdade, prepará-lo para uma vitória muito maior no futuro. Depois de examinar a si mesmo, suas deficiências e como criar um processo de entrevista melhor para encontrar seu próximo assistente, você pode voltar ao otimismo. Sendo otimista, acredito que meu próximo assistente permanecerá por seis anos em vez de cinco meses em decorrência do que aquelas experiências anteriores me ensinaram.

***

Cenário 25: Você está tentando construir sua reputação com os líderes da organização para a qual trabalha a fim de que possa eventualmente conseguir promoções e subir na hierarquia. Entretanto, nas últimas semanas, seu colega de trabalho Rick tem pisado no seu pé diversas vezes e tentou fazer o seu trabalho por você, quer ele percebesse ou não. Parece que ele está inconscientemente tentando tomar seu lugar. Você está frustrado e sente que as ações dele limitarão o crescimento da sua carreira e tirarão sua chance de ser notado por seu gerente. O que você faria?

***

Nos negócios e na vida, as pessoas são rápidas em tirar conclusões precipitadas. Aqui está um exemplo: muitas pessoas presumem que só porque alguém é dono de um negócio, está arrasando. Você vê a bela casa de Bob, o Empresário, a Mercedes-Benz e a empresa com treze funcionários, e presume que as coisas estão indo bem para ele. Mas não vê que ele está endividado até o pescoço com o financiamento do carro, que sua receita está diminuindo e que ele mal consegue arcar com o pagamento da hipoteca. Bob não publica essa parte no Instagram.

Há pouca empatia em um mundo no qual nenhum de nós realmente sabe o que está acontecendo na vida do outro. Os funcionários de Bob podem ficar ressentidos por ele não dar aumentos, mas não sabem que ele está colocando suas próprias economias no negócio apenas para mantê-lo funcionando.

A equipe pode dizer: "Foda-se o Bob. Ele tem uma Mercedes." A realidade é que Bob está prestes a perder sua Mercedes.

Não quero dizer que você deva priorizar o bem-estar de Bob sobre o seu, mas quero dizer que tomar decisões com empatia, em vez de ressentimento, muda tudo. Você não conhece todo o contexto da vida de seus colegas, então por que confrontá-los com a negatividade?

Voltando ao cenário original, é tentador presumir que Rick tem más intenções. Porém, se você praticar empatia, perceberá que Rick está se esforçando muito, assim como você. Ele está tentando fazer o certo para suas ambições, sua família e o que acha que precisa fazer para seu próprio sucesso. Como se pode ficar bravo porque alguém está trabalhando em prol de sua própria ambição?

(Desculpe sair pela tangente, pessoal, mas vou colocar isto aqui porque é algo que acabei de pensar: acho loucura os chefes ficarem bravos quando os funcionários pedem aumentos. Conheço muitos desses chefes. Seus funcionários *devem* pedir aumentos! Eles estão tentando sustentar a si próprios e a suas famílias. Você sempre pode dizer não se achar que essa é a resposta certa.)

É também aqui que a autoconsciência desempenha um papel fundamental, junto com a empatia. Talvez seja realmente verdade que Rick está ultrapassando os limites com a intenção errada. Ou talvez você esteja relaxando e Rick esteja tentando acobertá-lo. Talvez sua ambição seja totalmente egoísta. Talvez ele tenha muita capacidade mental e esteja descobrindo como usar seu tempo.

Se você é inseguro e derrotista, começará a maquinar em sua mente que Rick está tentando arruiná-lo. Se você for autoconsciente e empático, verá que ele está dando o melhor de si, e você poderá começar a se dispor a conversar em vez de se recusar a abrir mão de suas intransigências.

DOZE E MEIO

»»»

Questão complementar do Cenário 25:

"Como seria sua conversa com Rick? O que você diria?"

»»»

Comunicar-se com uma mistura de empatia, responsabilização, autoconsciência e um pouco de curiosidade funcionaria perfeitamente nesse cenário:

Eu aprecio a perseverança, a convicção e a ambição que você demonstra, mas você está fazendo o que eu já faço. Existe alguma maneira de resolvermos isso? Você tem volume de trabalho suficiente? Gosta do que está fazendo? Você quer fazer mais do que estou fazendo? Existe algo que eu possa aprimorar?

Depois dessa conversa, quem sabe, eu poderia recuar um pouco e perceber que há aí uma oportunidade para eu trabalhar em projetos mais empolgantes, já que Rick pode cobrir parte da minha carga de trabalho atual. Talvez eu decida que preciso me responsabilizar e aumentar meu próprio desempenho. Ou posso ter uma conversa com meu gerente ou com o RH se ainda achar que ele está exagerando.

Muitos funcionários nesse cenário presumem que seus gerentes não percebem o que está acontecendo. Na VaynerMedia, algumas pessoas entraram em meu escritório para reclamar de um colega ultrapassando o limite e ficaram surpresas ao me ouvir concordar que a outra pessoa estava com as intenções erradas. Como gerente, também estou observando.

Cenário 26: **Você está construindo uma nova empresa com alguns funcionários que o conhecem há muito tempo. Ao longo dos anos, eles passaram a gostar de você, de sua personalidade, intenção e visão quanto ao que pretende realizar no ramo. Você passa a fazer novas contratações de pessoal, e os novos funcionários ficam surpresos ao ver o quanto a equipe mais antiga preserva o seu relacionamento com eles. Você percebe a nova equipe zombando dos membros originais da equipe pelas costas, dizendo que sofreram uma "lavagem cerebral" e "são uns cordeirinhos". Os novos funcionários têm talento, então você deseja mantê-los por perto, mas não quer que eles prejudiquem a cultura. O que você faria?**

Muitas organizações criam ambientes de trabalho ruins para os funcionários. Infelizmente, há muitos CEOs, gerentes e líderes que não usam os doze ingredientes e meio deste livro (ou quaisquer outros). Eles involuntariamente criam política e medo no local de trabalho a partir de suas próprias inseguranças, de modo que os funcionários usam o cinismo como medida de proteção ao ingressar em uma nova organização.

Os humanos temem a decepção. As pessoas não querem confiar em um gerente, ou amar sua companhia, apenas para se decepcionarem mais tarde. Tenho empatia por isso.

Quando as pessoas entram na VaynerMedia e veem como meus relacionamentos são próximos com aqueles que estão por lá há oito, dez ou mais anos, sinto-me muito humilde. Em ocasiões muito raras, quando um novo funcionário pensa que os mais velhos sofreram uma lavagem cerebral, não fico chateado; na verdade, me sinto lisonjeado. Sempre me sinto humilhado quando percebo que esse cenário acontece de vez em quando na minha empresa.

Acredite ou não, um dos ingredientes mais poderosos que eu usaria aqui é a paciência. Se meus funcionários mais antigos realmente amam a organização e o ambiente, então os novos irão acabar amando também. Eles são cínicos porque não têm todo o contexto ainda.

Quer sejam sete meses ou dois anos, eles aprenderão que não é uma questão de "ser um cordeirinho", mas do sentimento de usufruir de uma cultura. Uma que é boa para todos, inclusive para os recém-chegados.

»»»»

Questão complementar do Cenário 26:

"Mas a nova equipe está zombando dos outros por terem sofrido uma lavagem cerebral. Isso não prejudica a cultura? Como você lidaria com isso?"

»»»»

Escrever este livro é divertido porque posso sentir a diferença em como reagiria a esses cenários agora em comparação com anos atrás. Agora, tenho uma sinceridade gentil em meu repertório.

Em vez de apenas deixar a situação se desenrolar, posso marcar reuniões individuais para ajudar a nova equipe na integração. Eu me encontraria com cada um deles e diria:

Olha, entendi perfeitamente de onde você está vindo. Tenho trabalhado com outros rapazes e moças há anos. Eles me conhecem, e eu os conheço. Eu o contratei para que, em alguns anos, você se sinta da mesma maneira que eles sobre este ambiente de trabalho. Nesse meio-tempo, é meu trabalho mostrar por que não existem "cordeirinhos" aqui. Na verdade, o que há é apenas uma cultura saudável, também para você. Essa responsabilidade é minha, não sua. Se você ainda não tem confiança em mim ou nesta organização, é algo que respeito totalmente. Mas eu pediria que você fosse gentil com os outros.

Ao administrar a VaynerMedia e construir uma marca pessoal, lido com essa dor de cabeça na vida real. Se uma nova funcionária teve o luxo de ótimos pais ou se é inerentemente otimista, é mais fácil para ela confiar. Funcionários assim aderem à minha mensagem e à cultura da VaynerMedia imediatamente. Outros que foram decepcionados por sua mãe, pai, sociedade ou empresas anteriores, ou tiveram uma educação que os levou a serem pessimistas, tendem a se sentir visceralmente pressionados com relação a mim e à minha personalidade. Olham para minha energia e otimismo e pensam: *ele vai me decepcionar muito.*

Sempre respondo com empatia. Se você tiver intenções genuinamente boas como CEO — se estiver empregando esses doze ingredientes e meio —, os funcionários que começam cínicos mudarão de opinião. É incrivelmente recompensador ganhar a confiança das pessoas, independentemente de quantas outras coisas você conquistou.

Cenário 27: **Você tem dois funcionários, Jim e John. Jim tem uma maneira de comunicar diretamente seu feedback, e John não gosta disso. John diz que Jim sempre fala com**

150 DOZE E MEIO

ele de maneira rude, enquanto Jim diz que John precisa que todas as críticas sejam comedidas. Jim foi criado para acreditar que é melhor fazer críticas com rapidez e clareza. Supondo que você seja o gerente deles, o que faria?

———

Quando os gerentes enfrentam essa situação, muitos ficam chateados porque lhes falta paciência. A paciência ajuda a enfrentar esse cenário porque resolver um desacordo entre duas pessoas leva tempo. Pode ou não ser algo que se pode resolver em uma reunião.

Antes de me encontrar com Jim e John, pensarei nas decisões que posso tomar. Talvez eu possa separá-los e colocá-los em projetos diferentes. Se um dos dois for claramente a origem do problema e não corrigir seu comportamento mesmo depois de receber feedback, posso considerar dispensá-lo. Mas eu estaria otimista de que eles apenas têm uma diferença de perspectivas sem nenhuma intenção maliciosa, e isso poderia ser resolvido.

Eu abordaria a reunião com otimismo, convicção e em um tom leve de sinceridade gentil:

Olha, John e Jim, isto é apenas uma questão de momento. Mesmo que vocês dois tenham tido problemas em todas as conversas que tiveram no passado, agora estamos tentando resolver. Agora que estamos sentando e conversando sobre isso, as divergências entre vocês dois não durarão para sempre. Não estou dizendo que tudo ficará perfeito depois desta reunião. Vocês ainda podem ter problemas, mas se isso acontecer em 3 de 33 interações, em vez de 3 a cada 3, estamos no lucro. Sei que vocês não começaram com o pé direito, mas isso vai mudar.

A Vida Real: Cenários **151**

Pense na maneira como os gerentes normalmente reagiriam nessa situação. Com base nas mensagens e e-mails que recebo de minha comunidade, acredito que muitos diriam: "Vocês precisam resolver isso ou vou dispensar um dos dois."

Isso é o que acontece no mundo dos negócios, e me surpreende que as pessoas aceitem isso como a resposta certa. Está enraizado no pensamento de curto prazo, impaciência e falta de bondade. Por que tem que ser tão frio? Por que os gerentes não podem dar um pouco de amor a seu pessoal por vinte minutos? Por que os gerentes não podem inspirar um sentimento de segurança em vez de medo?

Digamos que o gerente diga a John e a Jim para resolverem entre si ou um deles será demitido. Agora, o problema fica muito pior. Jim pode começar a planejar como sabotar John. Este pode tentar se proteger prejudicando a reputação de Jim pelas costas. Eles produziriam resultados de qualidade inferior porque ficariam mais estressados.

Imagine como eles seriam mais eficazes se o gerente os fizesse se sentir um pouco mais seguros. Em vez de se envolverem com a política da empresa, eles poderiam se concentrar em suas verdadeiras tarefas.

Lembre-se de que este não é um livro de terapia. É um livro de negócios. A implementação desses doze ingredientes e meio em diferentes misturas pode ajudá-lo a construir uma equipe mais eficiente emocionalmente e, como resultado, uma empresa mais lucrativa.

Cenário 28: **Você conseguiu um grande cliente que adicionará uma porcentagem considerável à receita de sua empresa, com o qual tem um relacionamento particular e cujo pessoal confia em você; sua prioridade é que tudo corra extremamente bem. Você colocou sua melhor equipe**

> **nisso. No entanto, Susan, uma funcionária de sua equipe, tem uma objeção moral em trabalhar com a empresa. Ela diz que gostaria de sair do projeto. O que você faria?**

———————

Na verdade, já passei por isso quatro ou cinco vezes durante a criação da VaynerMedia. Toda vez é bem complicado.

Empatia primeiro. Eu me perguntava: "Eu recusaria a oportunidade de trabalhar com um cliente por causa do setor em que está ou dos produtos que vende?" Se a resposta for sim, então devo ter empatia para que meus funcionários se sintam da mesma forma em virtude de suas crenças religiosas, sociais ou políticas.

No passado, tomei minhas próprias decisões subjetivas sobre com quem trabalhar. Tive alguns clientes grandes que deixei de lado porque não acreditava em seus produtos ou serviços. Portanto, não posso ser hipócrita quando um funcionário quer fazer o mesmo.

Não sendo assim — se você pensar cegamente, *dinheiro é dinheiro* e você trabalhará com qualquer um —, então ao menos você tem algo para se apoiar neste cenário. Mas não seja hipócrita.

Sempre que essa situação surgia na VaynerMedia, eu me sentava com o funcionário que tinha essa objeção e tinha uma conversa frutífera na qual explorava o porquê dele se sentir assim. Na verdade, fico curioso para saber o que os faz dizer que desejam sair do projeto.

Como líder, você precisa descobrir se há uma razão subjacente diferente pela qual Susan não quer participar. A objeção moral dela é para encobrir algo? Ela está na verdade cansada ou esgotada? Está dando uma desculpa? Ou existe legitimidade e boas intenções por trás disso?

A Vida Real: Cenários   153

Sente-se com Susan em uma reunião individual e diga: "Ei, conte-me mais. Mostre-me por que você não pode trabalhar nisso. Quero aprender e entender por quê."

Então você estaria em uma bifurcação na estrada. Ou Susan chega à reunião com um caso convincente, ou não. Se a conversa for intrigante, você pode passar um tempo explorando seus próprios sentimentos sobre o assunto.

O outro resultado possível é que Susan venha com um argumento fraco e não consiga encontrar boas respostas quando você bate na mesma tecla. Talvez ela tenha lido uma única manchete no Twitter e chegou a um julgamento rápido, não fundamentado. Talvez ela simplesmente não tenha capacidade intelectual para tal e esteja ocultando isso. Talvez ela não se sinta confiante o suficiente para assumir.

A partir daí, você deve tomar um tipo diferente de decisão: você encorajaria Susan? Daria a ela uma segunda chance e a deixaria ficar de fora dessa? Existe um problema maior aqui sobre o qual você tem que fazer algo? Estamos falando da carreira de uma pessoa a quem está pagando um salário. Qual deve ser o seu próximo passo?

Vamos seguir desenvolvendo esse raciocínio: suponha que Susan não tivesse um motivo convincente, mas você decide deixá-la ficar de fora de qualquer maneira e substituí-la por Sarah nesse projeto específico. Tudo está indo bem, mas um dia você ouve Susan no bebedouro dizer que Sarah é um ser humano terrível por trabalhar com esse cliente. O que você vai fazer agora?

Em meus primeiros anos, se eu tivesse enfrentado essa situação, teria implementando a responsabilização e demitido Susan, ou teria me iludido acreditando que tudo acabaria. Nessa situação, ela se recusou a trabalhar em um projeto, embora não tivesse um motivo convincente, eu ainda a deixei ficar de fora, e mesmo assim ela está maculando a cultura da empresa e tentando cancelar Sarah. Isso simplesmente não é aceitável. Se eu fosse confrontado com tal situação agora, usaria primeiro a sinceridade gentil em uma conversa individual:

> *Oi, Susan, bom te ver. Escuta, tenho que ser honesto. Não acho que você me deu um motivo muito convincente para este projeto do cliente ir contra suas crenças pessoais. Você não gosta da marca, mas acho que é um projeto que você ainda poderia ter apoiado de alguma forma. No entanto, mesmo depois de atender a seu pedido e substituí-la por Sarah, percebi que você está prejudicando nossa cultura. Você a está envenenando ao dizer à equipe que Sarah não é humanitária, fazendo-a se sentir desconfortável. Temos um problema real aqui e quero explorar o que podemos fazer a respeito.*

Em vez de demiti-la imediatamente ou nem mesmo encaminhar o assunto, primeiro deixaria claro para Susan que noto seu comportamento negativo. Daria a ela a oportunidade de reparação. Se ela ainda continuar, então provavelmente a dispensaria.

Eu entenderia sua posição, uma vez que ela é totalmente contra esse cliente. Infelizmente para nós dois neste cenário, eu não sou, e isso nos coloca em uma situação precária. No entanto, a essa altura, eu teria que reduzir as opções. Se ela decidiu que não quer mais estar na empresa, deve ir embora ou, se ficar, ao menos não deve macular a cultura com base na decisão que tomamos.

A Vida Real: Cenários 155

»»»

Questão complementar do Cenário 28:

"E se Susan tivesse chegado à sua conversa inicial com uma razão convincente pela qual ela não queria trabalhar no projeto do cliente?"

»»»

Sem problemas então.

Em qualquer interação, tento primeiro entender a intenção da outra pessoa. Se acredito que Susan está sendo genuinamente ponderada e bem-intencionada, então estamos de acordo. Para sempre. É por isso que reajo tão visceralmente quando sinto que as pessoas estão agindo com más intenções.

Ao mesmo tempo, sei que não tenho todo o contexto. É por isso que a responsabilização e a sinceridade gentil são cruciais, tanto para o CEO quanto para o funcionário. Como CEO, é minha responsabilidade criar um ambiente no qual Susan se sinta segura o suficiente para compartilhar comigo seus sentimentos verdadeiros, pensamentos ou inseguranças. Mas Susan também precisa ser responsabilizada como funcionária e se comunicar com sinceridade gentil caso sinta que a empresa não está fazendo a coisa certa com ela.

O trabalho é apenas uma parte da vida. Se você não está usando a sinceridade gentil nele, está evitando isso em outras áreas também? Seu casamento poderia melhorar com mais desse ingrediente? E quanto a seu relacionamento com seus filhos, vizinhos, amigos ou até consigo mesmo?

Por fim, eu diria o seguinte: houve várias vezes na vida real em que decidi não trabalhar com um cliente, e várias vezes em que o feedback de um funcionário foi a força motriz para que nos afastássemos.

> *Cenário 29:* Você tem 23 anos de idade e acaba de terminar o 4° e último ano da escola de arte. Os bloqueios da COVID estão em vigor, as empresas estão enfrentando dificuldades e você não tem um emprego. Então começa a dirigir para a Uber e a Lyft enquanto procura uma oportunidade. Um dia, depois de não conseguir muitos clientes, entra no Twitter e começa a notar que as pessoas estão falando dessas coisas chamadas NFTs. Após cerca de cinco horas de leitura nas redes sociais ao longo de dois dias, você percebe: "Caraca, eu posso fazer isso!" O que você faria?

Uma das minhas coisas favoritas sobre inovação é que às vezes dá novas oportunidades para pessoas que não as tiveram no passado.

Por exemplo, as mídias sociais criaram oportunidades significativas para influencers. Leia *Vai Fundo!*, meu best-seller do *New York Times*. Falei sobre isso há doze anos. As pessoas agora são capazes de ganhar US\$120 mil por ano sendo um especialista em alongamento, ou US\$90 mil por ano sendo um chef na internet.

As pessoas não previram a cauda longa[*] ou o dinheiro que você poderia ganhar com sua experiência. Ganhe dinheiro com sua paixão, dizia o livro. Não poderia ter sido mais preciso.

Neste cenário, basicamente escreverei de novo o que está em *Vai Fundo!*. Os NFTs farão pelos artistas o que as mídias sociais fizeram pelas celebridades.

---

[*] N.E.: Em termos amplos, cauda longa significa nichos de mercado para produtos digitais que, além de não demandarem grandes investimentos, possibilitam auferir receitas sustentáveis ao longo do tempo.

Artistas normalmente pensariam em encontrar empregos no setor de publicidade, em Hollywood ou em algum outro campo "criativo". A verdade é que eles precisam comprometer sua criatividade quando estão naqueles empregos. Eles não estão criando o que desejam no trabalho, nem mesmo na VaynerMedia.

Essas pessoas precisam reafirmar a ambição da juventude. Precisam voltar à mentalidade do jovem de 13 anos que disse: "Eu vou ser o Banksy [artista de rua e ativista político] um dia", aquele que aos 18 anos sonhava em ser Michelangelo. Compreenda essa ambição.

Meu conselho para aquele artista? Este é o seu momento. Este é o momento de ser perseverante, tanto no resultado quanto no networking. Não subestime o poder da humildade. Quando as celebridades tentaram se tornar influencers nas redes sociais, elas sonharam em ganhar milhões, mas muitos não tiveram a humildade de parar nos US$88 mil por ano e usufruir da droga do fato de que podem ser influencers nas redes sociais.

Assim também é com os artistas. Você prefere ser um executivo ganhando US$110 mil e odiando sua segunda a sexta-feira, ou prefere ganhar US$59 mil por ano sendo um artista realizado? Você tem perseverança para lutar por sua arte quando está para fazer 30 anos em poucas semanas e ainda mora com um colega de quarto? Ou se comprometeria e conseguiria um emprego que odeia fazendo logotipos para uma marca?

Sei que milhões e milhões de artistas serão beneficiados pelos NFTs. É a economia de opções: eles têm novas maneiras de monetizar sua paixão agora.

O número de pessoas pré-NFT que poderiam ganhar US$219 mil por ano como artistas é uma fração daquelas que serão capazes disso em 2031. Criativos em firmas de publicidade ou na Broadway, que agora ganham US$110 mil por ano para fazer coisas pelas quais não são apaixonados, podem potencialmente replicar essa mesma receita fazendo o que sonham em fazer. Ou poderiam ganhar US$59 mil e ainda ser muito mais felizes.

A tecnologia está prestes a criar uma oportunidade que não vimos na história da humanidade. Estou muito feliz e animado por todos os artistas que estão lendo isso.

A perseverança é o ingrediente mais importante aqui. Não quero que ninguém desista ao longo do caminho. Quando um artista lançar seu primeiro projeto NFT e não vender nenhuma peça cuja criação lhe custou dinheiro, ele me dirá poucas e boas em um e-mail (gary@vaynermedia.com): "Vá se foder, Gary! Você me inspirou a fazer isso, mas me ferrei." É quando a perseverança deve entrar em ação.

Caro artista, este é meu e-mail de resposta para você:

NÃO ME ENVIE UM E-MAIL ATÉ QUE SEU 49º PROJETO TENHA FALHADO. Nem pense nisso. Caso contrário, você não entendeu o conceito de perseverança. Você quer ser um artista realizado e desistiu depois de um tempo? Deixe-me ver se entendi: você quer passar a vida inteira desenhando, pintando, colorindo ou rabiscando e desistiu porque ninguém prestou atenção no seu primeiro projeto? Vá catar coquinho!

Quero que todos os artistas tenham paciência e entendam que podem ter mais 60 ou 70 anos de vida se começarem aos 29. Nesse contexto, o que é felicidade? A felicidade é ter seu próprio apartamento? É ter roupas melhores?

Por favor, não mapeie suas ações para cumprir as ambições de sua mãe e de seu pai de que você esteja em um determinado lugar aos 30.

Cenário 30: Você é um homem de 47 anos que arrasou em seu emprego nos últimos 7 anos no escritório devido a um trabalho realmente inteligente. Você é o chefe de marketing de uma seguradora. Topou com GaryVee há cinco anos e sua abordagem no LinkedIn melhorou.

Está ganhando US$250 mil por ano, acima dos US$130 mil de antes. Passou a ter ainda mais tempo de férias, e seu equilíbrio entre a vida pessoal e a profissional é perfeito. Mas toda noite, na hora de dormir, lhe vem um pensamento: *"E se eu deixasse o emprego e trabalhasse para mim?"* Você sabe que algumas pessoas na empresa estariam interessadas em pedir demissão e trabalhar com você. A ideia de possuir 33% de seu próprio negócio junto a 2 sócios parece muito mais lucrativa e empolgante. O que você faria?

———

A beleza desse cenário é que você tem opções. Muitas pessoas não têm, então o primeiro passo é a gratidão.

Eu gostaria que mais pessoas nessa situação fossem otimistas. Muitas vezes fico confuso por que as pessoas em grandes posições não tentam alcançar algo maior quando estão com vontade. A realidade é que, se você sair do emprego, trabalhar por conta própria e fracassar em dois anos (o que costuma acontecer), voltará ao mercado de trabalho como um candidato mais atraente. Você não terá apenas uma experiência corporativa impressionante; também terá experiência empresarial. Durante vários anos, isso continuará a ser valioso. Quando você começa com gratidão, paciência e convicção, pode empregar perseverança para perseguir suas ambições.

Na verdade, acredito que essa é uma situação sem contras. Se você é um executivo sênior bem pago e tem a humildade de viver um estilo de vida com despesas baixas, pode economizar dinheiro para dar a si mesmo de 18 a 24 meses de caminhada solo. Pode entrar de corpo e alma, atiçar sua vontade e, se perceber que não nasceu para ser um fundador ou CEO, pode conseguir um emprego com uma remuneração mais alta.

DOZE E MEIO

Em quarenta anos, o arrependimento de não seguir seus sonhos vai superar a dor de largar o emprego e fracassar. Talvez você tenha que viver um pouco mais humildemente do que já fazia. Talvez tenha que assumir uma pequena dívida no cartão de crédito, depois de sempre ter tido dinheiro no banco. Seja como for, será menos doloroso do que ter 87 anos, sentar-se sozinho e pensar: *"Por que não abri minha própria empresa?"*

Se você sentiu um calor percorrendo seu corpo ao ler este cenário, pergunte-se o seguinte: quando você olha para sua vida neste exato momento, você se arrepende de não ter chamado certo menino ou menina para sair?

A resposta é sim para todos. Agora que você está na casa dos 20, 30, 40 ou 50 anos, o que havia de tão assustador em Sally McGee ou Tyrone J. dizer não?

Deixe-me economizar seu tempo: nada. É exatamente assim que você vai se sentir na velhice. Vai se perguntar: "Por que não entrei de corpo e alma?"

Por favor, ligue para uma pessoa de 90 anos que você conheça. Ligue para ele ou ela e converse sobre esses cenários. O arrependimento é a dor definitiva. Use convicção, ambição e perseverança para ultrapassar seu limite mental e dar o salto que deseja dar. Podem ser necessárias muitas conversas consigo mesmo para fazer isso. Espero que as palavras desta página ajudem.

———

Cenário 31: Você é um pequeno empresário que fez um empréstimo bancário para construir seu negócio do zero. Esse empréstimo levou quase uma década para ser pago. No entanto, agora você está livre de dívidas e a empresa finalmente está gerando lucro suficiente para você se mudar

para um apartamento um pouco maior com sua família e para melhorar seu estilo de vida. Logo depois, um desastre natural atinge sua cidade e destrói o prédio do seu escritório. O que você faria?

Eu me daria algum tempo para lamentar. Não me puniria por precisar de uma folga ou por sentir a perda.

Depois, usaria a gratidão como uma arma contra essa decepção. Ficaria muito grato por ainda estar vivo e por minha família estar bem. Não controlo a Mãe Natureza, e não há nada que eu pudesse ter feito sobre o desastre. As coisas são como são.

A gratidão limita a quantidade de tempo que eu gastaria pensando na situação. Em seguida, partiria para a ofensiva com convicção e otimismo. "Se eu pude construir um negócio de sucesso do zero uma vez, posso fazê-lo novamente. Posso com certeza construí-lo de novo, e o farei."

A partir daí, iria para a responsabilização. A responsabilização, neste caso, é se perguntar: "O que posso fazer agora?" Você pode usá-la para se colocar no controle.

Nesse caso, talvez eu pudesse começar um programa no YouTube documentando o meu retorno. Poderia enviar por e-mail os links para jornalistas em todos os meios de comunicação locais. Se eles assistirem, pode se tornar uma notícia nacional capaz de levar à exposição para uma grande reabertura, um GoFundMe [plataforma de financiamento coletivo dos EUA] ou qualquer outra coisa. Eu me responsabilizaria por me colocar na posição de reconstruir minha vida.

162 DOZE E MEIO

Cenário 32: Você está procurando ascender para uma posição de liderança sênior com mais responsabilidade, mas não está tendo chances de trabalhar em novos projetos capazes de expandir seu conjunto de habilidades. Alguns colegas de sua equipe estão obtendo a maioria das novas oportunidades e você suspeita que seu gerente está escolhendo favoritos. O que você faria?

Para ter uma discussão saudável e produtiva com meu gerente (com sinceridade gentil), eu precisaria entrar em um estado mental positivo. Usaria uma mistura de gratidão e otimismo primeiro. Em um mundo no qual milhões de pessoas não têm emprego, eu, na verdade, tenho um. Mesmo se eu estiver passando por uma fase difícil, algumas desavenças com meu chefe, eu nunca me deixaria ficar confuso sobre minha posição entre 7,7 bilhões de pessoas em termos de bem-estar geral. Tenho um emprego em um mundo em que milhões de pessoas não têm, e isso significa que tenho a oportunidade de melhorar nosso relacionamento.

Imagine se sua reação imediata fosse o oposto:

"Ah, o chefe está apenas escolhendo favoritos de novo."

"Ele não sabe identificar bons talentos."

"A liderança desta empresa não tem noção."

Se você entrar em uma conversa presumindo que a outra pessoa o está silenciosamente minando, está indo em direção a um desfecho desfavorável. Seus ingredientes emocionais aparecerão em seu tom e sua energia, e os mais inteligentes ao redor sentirão isso intuitivamente. Você não pode enganar o emocionalmente inteligente.

A Vida Real: Cenários 163

Isso não significa que você não deve se defender. Contudo, muitas pessoas entram em reuniões com funcionários, chefes ou membros da equipe com os quais estão tendo desacordos e "lutam pelo que é certo" sem ter uma única conversa sobre isso antes. As pessoas lidam com essas conversas como uma briga depois da escola.

Na VaynerMedia, vi funcionários invadirem meu escritório com fogo nos olhos, mas no segundo que me dão consciência de uma dificuldade ou desafio que estão enfrentando, eles se surpreendem por eu imediatamente ficar do lado deles. A conversa muda para uma direção positiva assim que eles chamam minha atenção. O fogo se transforma em corações.

Enquanto isso, me pergunto quanto tempo eles esperaram para comunicar esse problema. Estão aguardando há sete dias? Sete semanas? Sete meses? Sete anos? Quantas pessoas saíram da empresa sem darem a si mesmas ou à empresa a chance de criar uma situação fantástica?

As pessoas permitem que o ressentimento inflame suas mentes enquanto se viram para cá e para lá na cama à noite, ou despejam sua raiva nos pais quando eles ligam. Não poderia ser mais prejudicial à saúde.

»»»

Questão complementar do Cenário 32:

"O que você diria se sentasse e conversasse com o gerente? Você pediria mais oportunidades?"

»»»

Antes de pedir qualquer coisa, eu checaria o ambiente com humildade e autoconsciência. Há muita falsa legitimidade no mundo hoje.

164 DOZE E MEIO

Já recebi funcionários que vieram ao meu escritório furiosos, pedindo promoções aos 22 anos de idade, sem nenhuma experiência, estando na empresa há 6 meses. Algumas pessoas pedem mais responsabilidade em projetos importantes, embora seis dos últimos sete clientes com quem trabalharam não tenham voltado. Até poderia dar a essas pessoas um a cada cinco ou seis projetos, mas, como empresário, estou preocupado. Nosso crescimento vai desacelerar se eu passar a eles mais responsabilidade sabendo que não obtêm resultados?

Nesse cenário, a humildade e a autoconsciência são filtros eficazes. O que você está realmente exigindo? Seus resultados suportam isso? Ou você ficou iludido porque seu casamento está próximo, e agora espera que um negócio cuide de você? Você já pensou que merece uma promoção ou um aumento por causa dos acontecimentos de sua vida?

Com humildade, autoconsciência, gratidão e otimismo, você pode transmitir as seguintes linhas ao gerente:

> *Oi, gerente, sei que há muitas iniciativas novas na empresa, e há muitas pessoas talentosas nesta organização. Mas só queria chamar sua atenção para o seguinte: percebi que você está dando a maioria dos novos projetos para o Bob. Não vou ser capaz de lhe mostrar o quão incrível eu sou, a menos que você me dê oportunidades também. Há algo que eu possa fazer para ter essa chance?*

Cenário 33: **Você é o proprietário de sua própria empresa e está no processo de construção de uma nova oferta de produto para seus clientes. Há uma data de lançamento já marcada para o produto nas próximas semanas, e você**

preparou um e-mail para avisar simultaneamente seus clientes. É muito importante para a empresa que esse lançamento corra bem. Infelizmente, um membro júnior da equipe, Sally, acidentalmente envia aqueles e-mails com uma semana de antecedência, inclusive antes de o produto estar disponível. O que você faria?

Pouco antes de Sally entrar em meu escritório, provavelmente estarei gritando: *"Porra!"*

Essa é uma pergunta difícil. Gosto de dizer que 99% das coisas não importam. A maioria dos problemas que as pessoas enfrentam nos negócios são tratados de maneira desproporcional. No entanto, esse cenário é realmente doloroso. Você nunca tem uma segunda chance de causar uma primeira impressão, e atrapalhar o lançamento de um produto pode ser muito prejudicial para a empresa.

Como proprietário da empresa, eu ficaria realmente desapontado. Soltaria imediatamente um "Porra!" — precisaria liberar minha decepção *antes* de falar com Sally.

Depois de receber essa notícia, talvez seu estilo seja correr muito ou treinar muito. Talvez você dê um soco em um saco de pancadas. É preciso colocar sua frustração para fora, para não explodir com seu funcionário.

Aí, então, eu avaliaria a situação pelas lentes da responsabilização. Contratei a pessoa que contratou a pessoa que contratou a pessoa que contratou Sally. Eu criei a estrutura que permitiu a ela cometer esse erro. Como posso cair em uma espiral de culpar os outros quando eu sou a fonte?

Minha maior prioridade naquele momento não seria dar à equipe feedback crítico. Seria fazer Sally se sentir segura. Ela provavelmente está apavorada e perdendo o controle, pensando: *"Estou prestes a ser demitida."*

A melhor maneira de reagir é com uma grande dose de empatia. Assim que ela entra em meu escritório, ou assim que faço aquela ligação no FaceTime, rapidamente a coloco à vontade, dizendo: "Vai ficar tudo bem." Essa conversa é minha oportunidade de criar segurança. Se você quiser dar feedback ao membro da equipe júnior com sinceridade gentil, poderá fazê-lo mais tarde, quando as coisas esfriarem. Dar feedback quando você está emocionalmente instável pode ter uma influência mais ruinosa na equipe.

Gritar "Vocês todos arruinaram isso para mim" só vai instigar mais medo, o que significa que a equipe ficará inibida. As pessoas olharão de soslaio uns para os outros, acusando-se mutuamente em vez de levar em conta a responsabilização e reprimindo novas ideias por medo. A empresa crescerá mais lentamente, o que seria um problema muito maior do que o fracasso no lançamento de um produto. Quando as pessoas se sentem seguras, partem para o ataque. Estar na ofensiva leva ao crescimento.

Uma vez que a segurança foi criada, a pergunta então se torna: "Como podemos transformar isso em algo positivo?"

É aqui que entra a gratidão. Agora que tirei minhas frustrações e conversei com minha equipe, tenho uma melhor perspectiva do erro e reconheço que não é tão sério. Talvez eu pudesse fazer um vídeo divertido e brincalhão com minha funcionária júnior e enviá-lo para minha lista de e-mail:

Eu: *"Esta é a Sally. Ela clicou em Enviar por acidente. Minha nossa! Nós realmente sentimos muito; ainda não temos o produto. Estaremos de volta na próxima semana com o anúncio oficial e um código de desconto especial para você: SallyEstragouTudo. Aguarde! Certo, Sally?"*

Sally: *"Ha ha. — Certo, chefe."*

Sempre existe a oportunidade de fazer limonada com limão.

Cenário 34: **Ao longo de um período de três anos, você e seu marido transformaram um negócio paralelo de venda de aulas de arte virtual em uma empresa de tempo integral. Ambos têm publicado conteúdo no Instagram, no TikTok e no LinkedIn. O negócio cresceu rapidamente para US$300 mil em receita anual. Você e seu marido têm habilidades complementares e uma bem-sucedida sociedade meio a meio. Seu marido está feliz com a posição da empresa, mas você tem ambições de aumentá-la para sete dígitos ou mais. O que você faria?**

Noto que são muitas as pessoas brigando em casamentos, parcerias de negócios e relacionamentos porque estão frustradas com o nível de ambição de seus parceiros.

Nesse cenário, seu marido tem novos dados. Ele agora sente que quer aproveitar um pouco de seu dinheiro. Ele pode dizer: "Sabe de uma coisa, estou feliz em ter um lucro de US\$180 mil com essa receita de US\$300 mil. Em vez de reinvestir para chegarmos a 1 milhão, quero fazer coisas como ir para a Disney World com as crianças e ficar em um bom hotel."

Como esposa e sócia dele na empresa, você pode achar essas palavras difíceis de engolir, principalmente se teve conversas no início de tudo sobre como vocês dois levariam esse negócio para US\$10 milhões em receita algum dia.

Quando você está em uma parceria, porém, empatia e humildade vêm em primeiro lugar, não a convicção. Ao se sentar para conversar com seu marido sobre suas diferentes ambições, você não pode ficar em um estado mental agressivo e ser movida pelo ego. Observe como ingredientes como convicção, perseverança e ambição quase nunca são as primeiras reações em cenários difíceis. Isso porque não se pode combater a agressão com agressão imediatamente; é precisa desarmá-la primeiro.

Começar com empatia e humildade o prepara para ter uma conversa produtiva. Quando se é empático e humilde, é difícil direcionar energia negativa para outras pessoas. Nesse cenário, isso significa relembrar tudo o que seu marido fez pela empresa para ajudá-la a chegar a US\$300 mil por ano. Mesmo que você tenha opiniões diferentes agora, não teria chegado a este ponto sem ele.

Tudo bem que seu marido esteja satisfeito com a receita atual. Também é normal que você queira aumentá-la para 1 milhão. Você não precisa comprometer seus objetivos e sua felicidade. E também não precisa convencer seu marido a mudar os dele. Juntos, vocês podem criar uma estrutura de duas partes para fazer isso funcionar:

1. Contrate alguém para fazer o trabalho do seu marido.

2. Olhe para o contexto geral de tudo que seu marido está realizando junto com você.

A primeira parte é fácil. Você se senta com seu marido, analisa tudo o que ele está fazendo para ajudar o negócio e contrata alguém para que ele possa dar um tempo.

No início, você se sentirá aliviada porque encontrou uma solução. Sete meses depois, quando ainda estiver queimando as pestanas tarde da noite, preparando-se para uma aula de arte após colocar as crianças na cama, e vir seu marido sentado no sofá jogando videogame em seu tempo livre, você sentirá vontade de torcer o pescoço dele.

É quando você precisa dar um passo para trás. Veja como ele a está auxiliando na vida, não apenas no contexto dos negócios. Ele está cuidando da casa? Está pegando as crianças no treino de futebol enquanto você faz suas sessões virtuais? Ele as ajuda com o trabalho de casa enquanto você administra a empresa?

Ainda que ele não esteja diretamente envolvido na empresa, pode estar preparando você para vencer na vida de uma maneira diferente.

Cenário 35: **Você tem 15 anos de idade, é norte-americano e está ganhando cerca de US$1.400 por semana trocando cartões de esportes. É um aluno excelente, mas suas notas estão começando a cair. Também está pouco interessado em lacrosse, embora seja um calouro no time do colégio posicionado para as escolas da Ivy League [nome dado ao grupo que reúne as oito mais conceituadas universidades privadas dos EUA]. Seu novo vício em cartões de esportes o**

170   DOZE E MEIO

mantém acordado até tarde da noite, e você prefere passar o tempo negociando do que estudando, jogando lacrosse ou desfrutando de escapismos casuais como videogames. O que você faria?

———

Esse cenário é divertido para mim. Tenho muitos jovens norte-americanos me questionando sobre situações semelhantes em suas próprias vidas, com medo de estarem estragando seu futuro. Por volta da 7ª à 9ª série, uma estrutura foi estabelecida: *eu sou um jogador de lacrosse excepcional e esse é o meu caminho na vida, ou sou um aluno excepcional e é assim que vou vencer.*

Normalmente, isso resulta de uma dinâmica familiar, nos EUA, que pode ser saudável em alguns aspectos, mas pouco saudável em outros. Alguns pais veem seus filhos de 15 anos como um produto. Eles dizem: "Esta é minha filha de Harvard" ou "Este é meu filho jogador de lacrosse".

Dependendo do que os pais fazem para viver, eles podem ter ambições subconscientes diferentes para seus filhos. Se os pais forem empresários, podem se sentir confortáveis com seus filhos trocando cartões de esportes. Se forem acadêmicos ou executivos, isso pode incomodá-los.

Aqui está o que eu diria ao jovem neste cenário:

Tenha empatia por você mesmo. Tudo bem ter esses sentimentos.

Talvez você seja realmente um empreendedor, ou talvez tenha tendências empreendedoras. De qualquer forma, tenha empatia por seus pais. Na mente deles há todo um conjunto de ideias a seu respeito, e você está estragando tudo. Você precisa ter empatia para que possa absorver suas críticas e quaisquer tentativas de manipular a situação.

A Vida Real: Cenários   **171**

Por exemplo, eles podem dizer: "Pagaremos US$1.400 por semana. Deixe os cartões para lá." Você precisa ser responsável e autoconsciente e perceber que isso estragará sua vida. Não deixe isso acontecer.

O que você ganha em tempos difíceis vale mais do que o dinheiro. Concentre-se na paciência e na convicção. Você precisa se sentir bem em obter notas B em vez de A por ora.

Ao mesmo tempo, você pode passar por essa fase do cartão de esportes por doze meses e desinteressar-se por isso no segundo ano. Pode ter que se esforçar mais para aumentar as notas que deixou cair aos 15 anos. Você precisaria da convicção de que pode voltar a ter uma média geral de notas decente se trabalhar dobrado no segundo semestre do segundo ano, se e quando parar de se ocupar com os cartões de esportes. Drene a energia da ansiedade que vem com a escolha entre duas opções. Você não está escolhendo entre notas ou cartões de esportes; está escolhendo a curto prazo. Você pode recuperar o atraso.

Um exemplo disso é meu bem-estar físico. Eu estava atrás de todos na casa dos 20 e 30 anos, mas um forte trabalho com um personal trainer por sete anos me permitiu alcançá-los, embora, provavelmente, não por completo em comparação com onde estaria se tivesse treinado forte desde o início dos meus 20 anos de idade. Mas o que quero dizer é que as pessoas têm medo de escolher, porém, na realidade, a decisão não é final. Não é um ou outro. Você pode fazer as duas coisas.

Quando seus colegas zombarem de você por ter piorado em lacrosse e deixar suas notas caírem, use uma combinação de humildade, convicção, autoconsciência e responsabilização para lidar com isso. Você é aquele que queria negociar cartões de esportes. É aquele que seguiu suas crenças e tomou a decisão de deixar outras áreas da sua vida de lado por enquanto. Mesmo que sua fase de cartões esportivos comprometa sua capacidade de jogar lacrosse em uma faculdade importante enquanto seus amigos estão sendo recrutados, reconheça que não foi uma perda de tempo. Nem foi a pior coisa que já lhe aconteceu.

Ainda que suas metas mudem no primeiro ano em comparação com o que você pensa aos 15 anos, cedo ou tarde você se tornará mais consciente de como as lições foram valiosas nos seus anos negociando cartões esportivos. Como um júnior ou sênior, você pode estar chateado consigo mesmo por estragar seu primeiro ano, em teoria; mas aos 25, quando se juntar a uma startup, as habilidades que aprendeu dos 15 aos 16 virão à tona. Paciência.

Olhe para sua vida em uma janela de cem anos, não em uma janela de cem dias.

———

Agora é a sua vez. Poste um vídeo na plataforma de mídia social de sua escolha, descrevendo um cenário desafiador da vida real que você enfrentou em sua carreira, como você lidou com isso e como lidaria com essa situação de forma diferente hoje. Use a hashtag #ScenariosGaryVee ao postá-lo.

PARTE III

Exercícios

Antes de poder combinar adequadamente esses ingredientes em suas próprias situações de vida, você precisa desenvolver cada um individualmente. Aqui você encontrará uma série de exercícios que pode usar como ponto de partida para fortalecer sua capacidade emocional e melhorar suas metades. Você encontrará exercícios para ajudá-lo com todos os ingredientes listados na Parte I, incluindo a sinceridade gentil.

Alguns desses exercícios serão fáceis para você. Outros podem ser mais desafiadores.

GRATIDÃO

Ligue a câmera frontal de seu celular e grave um vídeo dizendo algo assim:

Estou fazendo este vídeo para contar a vocês as cinco coisas que são mais importantes para mim no mundo. São coisas pelas quais sou muito grato. Quero que você me envie este vídeo sempre que eu reclamar de algo sem importância.

Envie esse vídeo para as pessoas com quem você mais conversa, mínimo de cinco e máximo de quinze. Quero forçá-lo a se preocupar com a saúde e o bem-estar de sua família acima de tudo. Quando a gratidão se baseia nisso, você verá como é fácil navegar pelos desafios em sua carreira.

AUTOCONSCIÊNCIA

Para este exercício, quero que responda a algumas perguntas a seu respeito e como você normalmente reagiria a uma variedade de situações, tanto nos negócios quanto na vida. Em seguida, envie essas perguntas para as dez pessoas mais próximas de você, profissional e pessoalmente, por meio de um Formulário Google anônimo que elas possam preencher.

Dessa forma, você terá uma noção do seu nível de autoconsciência e de como sua percepção de si mesmo se compara à forma como os outros o veem. Acesse garyvee.com/selfawareness [conteúdo em inglês] para obter as instruções completas (incluindo as perguntas e como configurar o Formulário Google).

RESPONSABILIZAÇÃO

Pense em uma época recente na qual você colocou a culpa em outra pessoa por algo que foi sua responsabilidade.

Poste um vídeo ou foto na plataforma de mídia social onde você tem mais seguidores e peça desculpas por isso. Use a hashtag #AccountabilityGaryVee [conteúdo em inglês]. Estarei pesquisando e dando amor a tantos de vocês quanto eu puder!

OTIMISMO

Abra sua lista de contatos no celular e encontre as cinco pessoas que você considera mais otimistas.

Envie uma mensagem e peça para iniciarem uma conversa de quinze minutos. Pergunte por que são tão otimistas. Peça-lhes que usem exemplos específicos.

Acredito que, quanto mais você ouve outros humanos falando sobre otimismo, mais você pode formular seu próprio contexto e entendimento sobre esse ingrediente. Eu aperfeiçoei muitas habilidades na minha vida cercando-me de pessoas que são fortes nessa área.

PS: Este exercício também pode levar a uma conversa com alguém com quem você não fala há algum tempo. Isso é sempre bom também.

EMPATIA

Ligue para um parente próximo e um amigo do trabalho mais chegado. Pergunte a eles: "Com base no que convivemos nos últimos anos, você pode me dar um exemplo de uma ocasião em que ficou chateado com alguma coisa e minha reação não foi positiva para você? Houve algum momento em que o modo como reagi o levou a se estressar ou o deixou ansioso? Conte-me a história.

Você ouvirá sobre uma ocasião em que outro ser humano foi magoado porque você não conseguiu ter empatia, estando mais focado em si mesmo do que na outra pessoa.

BONDADE

Pratique alocar parte de seu tempo e de suas finanças para a bondade:

1. Acesse GoFundMe.com e doe o que você puder para uma causa que toca seu coração.

2. Doe seu tempo e suas habilidades. Este é um exercício em que vou me desafiar também. Se você tiver tido a sorte de ter alcançado grande sucesso financeiro, é fácil doar US$1 mil, US$10 mil ou mesmo US$100 mil para uma instituição de caridade. É por isso que sempre achei que meus melhores atos são as reuniões aleatórias de uma hora que dou para as pessoas. Mesmo que eu ainda faça essas doações financeiras, o maior valor que posso dar é o meu tempo.

A bondade é baseada nos termos do destinatário. Não nos seus.

SINCERIDADE GENTIL

Sinceridade gentil foi, na verdade, o ingrediente mais difícil para mim neste livro. Ainda é meio ingrediente, nem é um ingrediente completo.

Para este exercício, pense em alguém em sua vida com quem você precisa conversar com sinceridade. Em seguida, escreva um e-mail como se estivesse falando com ele pessoalmente e envie-o para kindcandor@veefriends.com.

PERSEVERANÇA

Vá no YouTube agora mesmo e digite "fazendo flexões corretamente" e assista a um vídeo para se informar. Em seguida, faça quantas flexões puder em sequência e poste um vídeo em sua plataforma de mídia social de escolha com quantas você fez.

Quero que você faça flexões todos os dias durante 55 dias. No 55º dia, faça outro vídeo falando sobre quantas flexões você pode fazer agora, e use a hashtag #GaryVee55Days para que eu possa encontrá-lo!

Acredito que a mente e o corpo estão profundamente interligados e que o exercício físico pode ter efeitos profundos em seu estado mental.

CURIOSIDADE

Em sua plataforma de mídia social preferida, poste um vídeo dizendo a seus seguidores que você está em uma missão de curiosidade. Peça que lhe enviem um link de um artigo da Wikipédia ou um vídeo do YouTube de algo que eles gostam, mas acham que você não conhece. Use a hashtag #CuriosityGaryVee.

Reserve vinte horas para ler, ouvir ou assistir a vídeos sobre assuntos que você nunca considerou antes, por recomendação de quem lhe é próximo. Comprometa-se com a curiosidade, mesmo que isso signifique que o que está aprendendo não seja o mais interessante. Uma entrada sutil pode desencadear algo que o beneficia de uma forma inesperada.

PACIÊNCIA

1. Usando uma ferramenta de calendário (Google Agenda ou algum outro aplicativo), crie um evento intitulado "Você ainda tem tempo de sobra". Configure-o para que apareça em seu calendário a cada seis meses, às 9h, durante os próximos 10 anos.

2. Publique afirmações positivas sobre seus objetivos de dez, vinte ou trinta anos em seu canal de mídia social favorito. Comunique o quão animado você está por ainda encontrar-se em sua jornada daqui a décadas. Use a hashtag #PatienceGaryVee.

Faço muitos comentários sobre como serei "o cara" ao chegar aos 70 anos de idade, ou como estou apenas começando aos 46. Essas histórias, digo a mim mesmo, criam uma bela narrativa em torno da paciência. Não me imagino com 80 anos e doente em um asilo. Eu me imagino nessa idade dando uma palestra, olhando para todos os rostos novos na multidão e me sentindo tão curioso sobre o que eles estão pensando quanto me sinto agora.

CONVICÇÃO

Escreva uma forte crença que você tem fortalecido ao longo do tempo:

Escreva uma crença que você tinha e abandonou:

Com este exercício, o que você aprendeu sobre convicção? Faça um vídeo rápido com suas ideias, poste na plataforma de mídia social de sua escolha e marque com a hashtag #ConvictionGaryVee.

| HUMILDADE |

    Passe cinco minutos anotando todas as coisas nas quais você não é bom. Em seguida, recorte a folha e pendure-a na geladeira, emoldure-a no quarto ou coloque-a ao lado do espelho. Quero que você olhe para isso todos os dias. Quando terminar de escrever, tire uma foto dessa página e compartilhe nas redes sociais com #HumilityGaryVee.

AMBIÇÃO

Quero desafiá-lo a gravar um vídeo falando sobre sua maior ambição na vida. Poste-o nas redes sociais usando a hashtag #AmbitionGaryVee.

Neste exercício, estou tentando torná-lo responsável por sua ambição. Ao se colocar em uma posição vulnerável, na qual os outros podem zombar de você se não atingir sua ambição, você pode trabalhar para não ser mentalmente vulnerável a esse julgamento.

CONCLUSÃO

Quando você desenvolve esses doze ingredientes e meio até seu potencial máximo, trabalhar das 9h às 17h pode até levar muitas horas por dia. Sério.

À medida que você desenvolve sinceridade gentil, gratidão, autoconsciência, responsabilização, otimismo, empatia, bondade, perseverança, curiosidade, paciência, convicção, humildade e ambição, você começa a trabalhar com o mínimo de atrito. Seus colegas se sentem seguros, felizes e calmos perto de você, agilizando a execução.

Quando esses ingredientes são inseridos corretamente em toda a organização, os membros da equipe não precisam gastar trinta minutos em uma reunião de sete minutos. Eles não sentirão necessidade de convidar oito pessoas a mais por causa de inseguranças e política. Aqueles que precisam estar em uma reunião podem estar presentes, outros podem se concentrar em suas tarefas e os projetos podem progredir mais rapidamente.

Ao assumir a responsabilidade por suas ações, você pode pular a espiral obscura de duas semanas culpando os outros por uma má decisão de negócios. Com autoconsciência, você pode se concentrar em seus pontos fortes em vez de passar a vida inteira focando os pontos fracos. Ao praticar a gratidão, pode limitar o tempo gasto pensando em erros. Com empatia, bondade e humildade, você não se intimidará quando pessoas inseguras tentarem derrubá-lo. Quando você está otimista, curioso e paciente, pode liderar com confiança e criar escala. Com a sinceridade gentil, pode dar feedback antes que o ressentimento se desenvolva. Todos esses ingredientes o ajudarão a agir com perseverança e convicção enquanto você vai atrás de suas ambições.

O engraçado é que, embora seu trabalho não leve 40 horas por semana, você pode se ver trabalhando às 20h da noite porque está se divertindo muito. Uma estrutura emocional forte leva à velocidade nos negócios e na vida. Ao misturar esses ingredientes apropriadamente, você pode se mover sem seus medos limitarem cada passo.

Quando Raghav lia os ingredientes para obter minha opinião inicial sobre cada um deles na Parte I, minha reação imediata era sempre: *"Este é o escolhido. Este ingrediente é a base para o sucesso."*

Isso me lembrou que cada um dos atributos que apresentei é essencial e todos são interdependentes. Nenhum deles pode operar isoladamente. Os cenários da Parte II foram minha melhor tentativa de pensar em como seriam implementados nas realidades pelas quais todos passamos. É a mistura que levará ao sucesso. Você é o chef.

Sempre enfatizei a perseverança em meu conteúdo, porque é a variável mais controlável para a maioria das pessoas. Muitas vezes é mais desafiador tornar-se empático, humilde ou autoconsciente. Desenvolver esses ingredientes requer muita prática caso não vierem naturalmente para você. Os exercícios da Parte III são apenas um ponto de partida. Você pode ter que analisar sua infância, talvez até fazer terapia. Estou ciente da minha carência de sinceridade ao longo de mais de vinte anos, mas só agora a estou desenvolvendo em meus quarenta e poucos anos. Essas coisas levam tempo.

Para a maioria das pessoas, é mais fácil e mais rápido dedicar algumas horas extras para realizar suas ambições. No entanto, a perseverança sem equilíbrio é contraproducente, porque pode causar fadiga, esgotamento ou falta de sono. Ela precisa ser usada em conjunto com a autoconsciência e a convicção.

Ao começar a usar esses atributos no local de trabalho, você também começará a usá-los fora dali. De repente, perceberá que não comprou algo de que não precisava, porque é paciente. Se o cachorro do vizinho correr para o seu quintal e deixar uma lembrança mal cheirosa, você fará uma piada com sinceridade gentil e estreitará os laços, em vez de brigar.

Imagine a reação típica a essa clássica história norte-americana. Pessoas infelizes aumentam sua própria infelicidade gritando com o vizinho por não manter o cachorro na coleira. O relacionamento fica manchado e fica estranho cada vez que eles se veem no quintal. Tudo para quê? Porque o vizinho voltou para casa depois de um longo dia de trabalho e se esqueceu de colocar a coleira no cachorro?

Todo este livro poderia ter tido apenas uma linha: "Você está inseguro?" Este foi o meu esforço para colocar um espelho na sua frente e fazer essa pergunta de dezenas de maneiras diferentes por meio de cenários e exercícios da vida real.

Você pode entender por que eu sempre implemento mais e mais empatia e bondade com as pessoas mais desagradáveis. Elas estão aumentando sua própria infelicidade com seu mau comportamento. São indivíduos quebrados por dentro e inseguros que muitas vezes projetam sua própria infelicidade em outra pessoa que também está infeliz, e os dois começam a discutir. Isso é o que acontece em muitas empresas e é isso que estou tentando mudar com este livro.

Percebi que as pessoas às vezes demonizam os negócios. Ocasionalmente, a sociedade vê os empresários como o oposto desses doze ingredientes e meio. Fico triste que as pessoas pensem que os líderes empresariais são egoístas, tiram vantagem dos outros e usam seu sucesso como uma desculpa para serem ruins com todos a seu redor. Na verdade, é por isso que a maioria dos clientes tem medo de confiar nas empresas. Se eu puder usar minha popularidade e este momento para mudar a forma como os negócios são vistos, posso mudar muitas coisas.

Alguns que estão lendo esta frase agora estão prontos para largar seus empregos e essa será a melhor coisa que já fizeram. Outros estão atualmente descobrindo suas inseguranças e amanhã entrarão no escritório um pouco mais humildes. Outros, ainda, estão prestes a ser promovidos pelos próximos sete anos consecutivos porque perceberam que têm sido reclamões, mas agora começarão a ser mais responsáveis.

Mas o melhor de tudo é que suas vidas ficarão mais leves.

Existem diferentes formas de privilégio na sociedade, mas o privilégio final é a paz de espírito. Espero que este livro o ajude a chegar lá.

A INSPIRAÇÃO POR TRÁS DESTE LIVRO

O lapso de tempo para lançar este livro após *Detonando!* foi importante em minha carreira de autor porque senti, na época, que meu próximo livro tinha potencial para ser reflexivo. Tinha o potencial de ser mais profundo do que qualquer coisa que já escrevi. Eu podia sentir isso.

Eu estava debatendo muitos tópicos diferentes. Se você acompanhar meu conteúdo de mídia social de perto, saberá o quão entusiasmado eu estou em escrever um livro para os pais a partir da perspectiva de uma criança incrivelmente feliz com seus pais. Continuo pensando muito em um livro que se chamará *Jab Jab Jab Left Hook*, uma sequência de *Jab Jab Jab Right Hook* [*Nocaute: Como contar sua história no disputado ringue das redes sociais*]. O conceito de criar conteúdo criativo para plataformas continua a ser uma necessidade incrivelmente importante à medida que redes como TikTok e Clubhouse surgem e o LinkedIn e o Snapchat evoluem.

Entretanto, quando estava na USC, conheci Mikey Ahdoot, um jovem com muita paixão e entusiasmo por quem intuitivamente me senti bem. Conheci muitas pessoas cheias de energia que me apresentam muitas coisas, e nem sempre me sinto bem com isso. A maioria vem por interesse próprio, o que é normal, mas você não pode vir *apenas* por interesse próprio. Nesse caso, senti que ele ia um pouco além.

Mikey tem uma empresa que você deve conferir chamada Habit Nest, que produz diários guiados que ajudam as pessoas a criar hábitos melhores.

O argumento inicial da Habit Nest para mim foi que precisamos de um diário GaryVee para decompor alguns dos conceitos mais elevados dos quais falo de uma forma mais tática. A ideia de criar um diário ou livro didático para meu público foi intrigante e um bom complemento para o outro conteúdo que publiquei.

Ao longo dos anos, descobri que participei de dois tipos diferentes de projetos:

1. Projetos que fluem rapidamente da ideia à produção. Ir da ideia à produção às vezes pode ser muito rápido, mesmo para grandes projetos como meu contrato com a K-Swiss, meu primeiro livro, *The #AskGaryVee Show* ou a série de vídeos no YouTube *Overrated/Underrated*.

2. Projetos que tenho que desenvolver mais. Por exemplo, WineText estava na minha cabeça por anos antes de apresentá-lo para meu pai.

Este livro era do segundo tipo. Habit Nest trabalhou em algumas versões iniciais com a equipe GaryVee no decurso de alguns anos e fez algumas contribuições importantes. No entanto, à medida que Raghav e eu trabalhávamos nele, ele evoluiu para um livro muito diferente — um que tenta mapear a inteligência emocional que eu acho ser necessária para vencer nos negócios no próximo século. Os conceitos neste livro se tornarão uma grande conversa sobre cultura.

Eu queria que Mikey e Habit Nest fossem reconhecidos por contribuírem para este projeto.

NOTAS

Gratidão

1. "Gratitude", Lexico, Oxford Dictionaries, https://www.lexico.com/en/definition/gratitude.

2. *WHO Global Water, Sanitation and Hygiene Annual Report 2019* (Geneva: World Health Organization, 2020), https://www.who.int/publications/i/item/9789240013391.

3. Zoë Roller et al., *Closing the Water Access Gap in the UnitedStates: A National Action Plan* (Oakland, CA: US Water Alliance; Los Angeles, CA: Dig Deep, 2019), http://uswateralliance.org/sites/uswateralliance.org/files/publications/Closing%20the%20Water%20Access%20Gap%20in%20the%20United%20States_DIGITAL.pdf.

4. Cindy Holleman, ed., *The State of Food Security and Nutritionin the World: Safeguarding against Economic Slowdowns and Downturns* (Rome: Food and Agriculture Organization, 2019), https://www.fao.org/3/ca5162en/ca5162en.pdf.

5. Walk Free Foundation, *Global Slavery Index 2018*, "Highlights" (Perth, Western Australia: Walk Free Foundation, 2018), https://www.globalslaveryindex.org/2018/findings/highlights.

6. "7 Fast Facts About Toilets", UNICEF, 19 de novembro de 2018, https://www.unicef.org/stories/7-fast-facts-about-toilets.

7. Joseph Johnson, "Global Digital Population as of January 2021", Statista, Hamburg, 7 de abril de 2021, https://www.statista.com/statistics/617136/digital-population-worldwide.

8. "21 Million Americans Still Lack Broadband Connectivity", PewCharitable Trusts, Philadelphia, junho de 2019, https://www.pewtrusts.org/-/media/assets/2019/07/broadbandresearchinitiative_factsheet_v2.pdf.

195

DOZE E MEIO

9. "Global Wage Calculator: Compare Your Salary", CNN Business, 2017, https://money.cnn.com/interactive/news/economy/davos/global-wage-calculator/index.html.

10. Thalif Deen, "Women Spend 40 Billion Hours Collecting Water", Global Policy Forum, Nova York, 31 de agosto de 2012, https://archive.globalpolicy.org/component/content/article/218/51875-women-spend-40-billion-hours-collecting-water.html?itemid=id#:~:text=In%20Sub%2DSaharan%20Africa%2C%2071,40%20billion%20hours%20per%20year.

11. Aaron O'Neill, "Life Expectancy (from Birth) in the United States, from 1860 to 2020", Statista, Hamburg, 3 de fevereiro de 2021, https://www.statista.com/statistics/1040079/life-expectancy-united-states-all-time/#:~:text=Life%20expectancy%20in%20the%20United%20States%2C%201860%2D2020&text=Over%20the%20past%20160%20years,to%2078.9%20years%20in%202020.

12. "Complacency", Lexico, Oxford Dictionaries, https://www.lexico.com/en/definition/complacency.

Autoconsciência

1. "Self-Awareness", Lexico, Oxford Dictionaries, https://www.lexico.com/en/definition/self-awareness.

Responsabilização

1. "Accountability", Lexico, Oxford Dictionaries, https://www.lexico.com/en/definition/accountability.

Otimismo

1. "Optimism", Lexico, Oxford Dictionaries, https://www.lexico.com/en/definition/optimism.

2. "Delusion", Lexico, Oxford Dictionaries, https://www.lexico.com/en/definition/delusion.

3. "Pessimism", Lexico, Oxford Dictionaries, https://www.lexico.com/en/definition/pessimism

Notas 197

Empatia

1. "Empathy", Lexico, Oxford Dictionaries, https://www.lexico.com/en/definition/empathy.

Bondade

1. "Kindness", Lexico, Oxford Dictionaries, https://www.lexico.com/en/definition/kindness.
2. "Pushover", Lexico, Oxford Dictionaries, https://www.lexico.com/en/definition/pushover.

Perseverança

1. "Tenacity", Lexico, Oxford Dictionaries, https://www.lexico.com/en/definition/tenacity.

Curiosidade

1. "Curiosity", Lexico, Oxford Dictionaries, https://www.lexico.com/en/definition/curiosity.

Paciência

1. "Patience", Lexico, Oxford Dictionaries, https://www.lexico.com/en/definition/patience.

Convicção

1. "Conviction", Lexico, Oxford Dictionaries, https://www.lexico.com/en/definition/conviction.

Humildade

1. "Humility", Lexico, Oxford Dictionaries, https://www.lexico.com/en/definition/self-awareness.

Ambição

1. "Ambition", Lexico, Oxford Dictionaries, https://www.lexico.com/en/definition/ambition.

SOBRE O AUTOR

Gary Vaynerchuk é um empreendedor em série e atua como presidente da VaynerX e como CEO da VaynerMedia, além de ser o criador e CEO da VeeFriends. Gary é considerado uma das principais mentes globais sobre o que está por vir em cultura, relevância e internet. Conhecido como GaryVee, ele é descrito como um dos pensadores mais avançados do mundo dos negócios — ele reconhece com precisão as tendências e padrões desde o início para ajudar os outros a entender como essas mudanças impactam os mercados e o comportamento do consumidor. Quer sejam artistas emergentes, esportes eletrônicos, investimentos em NFT ou comunicações digitais, Gary sabe como trazer a relevância da marca para o primeiro plano. Ele é um investidor-anjo prolífico com investimentos iniciais em empresas como Facebook, Twitter, Tumblr, Venmo, Snapchat, Coinbase e Uber.

Gary é um empreendedor de coração: ele constrói negócios. Hoje, ele ajuda as marcas da Fortune 1000 a atrair a atenção do consumidor por meio de sua agência de publicidade de serviço completo, VaynerMedia, que possui escritórios em Nova York, Los Angeles, Londres, América Latina e Cingapura. A VaynerMedia faz parte da holding VaynerX, que também inclui VaynerProductions, VaynerNFT, Gallery Media Group, The Sasha Group, VaynerSpeakers, VaynerTalent e Vayner-Commerce. Gary também é cofundador da VaynerSports, Resy e Empathy Wines. Ele conduziu Resy e Empathy a saídas de sucesso — elas foram vendidas

DOZE E MEIO

para a American Express e para a Constellation Brands, respectivamente. Ele também é membro do conselho da Candy Digital e cofundador do VCR Group.

Além de administrar vários negócios, Gary documenta sua vida diária como CEO por meio de seus canais de mídia social, que têm mais de trinta milhões de seguidores em todas as plataformas. Seu podcast *The GaryVee Audio Experience* está entre os melhores podcasts do mundo. Ele é cinco vezes autor de best-sellers do *New York Times* e um dos oradores públicos mais requisitados. Ele atua no conselho da MikMak, Bojangles Restaurants e Pencils of Promise. Ele também é um antigo membro do Well of charity: water.

Projetos corporativos e edições personalizadas
dentro da sua estratégia de negócio. Já pensou nisso?

Coordenação de Eventos
Viviane Paiva
viviane@altabooks.com.br

Assistente Comercial
Fillipe Amorim
vendas.corporativas@altabooks.com.br

A Alta Books tem criado experiências incríveis no meio corporativo. Com a crescente implementação da educação corporativa nas empresas, o livro entra como uma importante fonte de conhecimento. Com atendimento personalizado, conseguimos identificar as principais necessidades, e criar uma seleção de livros que podem ser utilizados de diversas maneiras, como por exemplo, para fortalecer relacionamento com suas equipes/ seus clientes. Você já utilizou o livro para alguma ação estratégica na sua empresa?

Entre em contato com nosso time para entender melhor as possibilidades de personalização e incentivo ao desenvolvimento pessoal e profissional.

PUBLIQUE SEU LIVRO

Publique seu livro com a Alta Books. Para mais informações envie um e-mail para: autoria@altabooks.com.br

 /altabooks /alta-books /altabooks /altabooks

CONHEÇA OUTROS LIVROS DA **ALTA BOOKS**

Todas as imagens são meramente ilustrativas.